介護福祉系

人気YouTuberが教える!

人材獲得・離職率
ゼロを叶える

#発信力経営

髙橋将弘
TAKAHASHI MASAHIRO

JN018357

幻冬舎 MC

はじめに

介護福祉業界では長年、採用難と高い離職率が問題となっています。求人広告を出しても人が集まらない、せっかく育てた職員が辞めていくなど、人材不足に悩む介護施設は少なくありません。

公益財団法人介護労働安定センターの「令和元年度『介護労働実態調査』」によると、6割半の介護事業所が慢性的に職員の不足を感じており、そのうち9割が「採用が困難である」と答えています。しかしながらこれらの統計データはあくまでも全国平均です。当然、施設によって状況は異なり、人材が離れて倒産してしまう施設もあれば、人材が集まる勝ち組施設もあります。介護福祉業界では二極化が進んでいるため、生き残るためにはなんとしてでも勝ち組施設にならなくてはいけません。

私は現在、住宅型有料老人ホームとデイサービスセンターを運営する会社の社長を務めています。23歳の頃、介護福祉の現場に異業種から無資格・未経験で飛び込みました。人から感謝されてやりがいがあって、人と人とが向き合い心で交わすコミュニケーションができることにこのうえない魅力や価値を感じ、自分で事業を立ち上げこの仕事の魅力を多くの人に発信し、介護人材を増やしたいと考えるようになったのです。ところが現実はそううまくはいきません。２０１８年に念願叶って介護施設をオープンしたものの介護業界の洗礼とばかりに職員の離職が続き、募集をかけてもほとんど応募がなく、事業存続が危ぶまれたこともありました。当初はそういう業界なのだからある程度は仕方がないと思っていましたが、よくよく考えてみると辞めていった社員たちは決して介護の仕事が嫌で退職したのではありません。その証拠に、転職先のほとんどは別の介護施設です。このとき初めて、私は自分の施設がほかと比べて魅力のない負け組施設となってしまっていたことに気づきました。

他人と同じことをしていてもダメだ。自分にしかできない経営で、人が集まり、人が辞めない施設をつくろう。そして自らが電波塔となって自分の伝えたいことを世の中に発信していこう――。そう考えた私が目をつけたのがYouTubeです。動画タイトルやサムネイルを見て動画を見たいと思った人に発信できるYouTubeなら、私が大切にしてきた

「人と人とが向き合い、心で交わすコミュニケーション」を実行できると思い、チャンネルには「kouki介護福祉発信プロジェクト」という名前をつけ、2020年の8月からYouTubeでの動画投稿を開始しました。

動画のターゲットを明確化し、自身の経験を基にケアを行う際の心構えや介護施設ならではの施設マネジメント方法を週2回のペースで発信すると想像以上の効果があり、以前と比べて10倍以上の応募が集まったのです。また、YouTubeを見て入職してくれた社員には私がどういった思いで仕事を行っているかや、事業所の理念が最初から伝わっているため、職員の定着率も向上しこの1年は離職者ゼロが続いています。

本書では私の経験を基に、安定した採用を実現し、離職率ゼロを達成する「発信」に着目した勝ち組施設の経営ノウハウを解説します。本書が介護事業経営者や施設長の方々にとって、一筋の光となれば著者として望外の喜びです。

介護福祉系人気YouTuberが教える! 人材獲得・離職率ゼロを叶える #発信力経営　目次

はじめに　3

[第1章] 深刻化する人材難、他業種と比べて高い離職率……施設の倒産が相次ぐ介護福祉業界

過去最多の介護事業者の倒産　12
介護業界に起こった変化　14
介護現場の人材不足　17
全産業平均より高い離職率　21
「人材赤字」が倒産へ直結　22
年々事業を拡大している施設との二極化が進む　25

[第2章] 3Kだから集まらない、すぐ辞めるは間違い!
介護施設が人手不足に陥る原因は「発信力不足」

なぜ人材不足に陥ってしまうのか　30

3Kといわれる介護福祉業界　32
介護は「ありがとう」と言われる仕事　34
外部から来たからこそ気づけた採用の間口の狭さ　36
離職理由の1位は「人間関係に問題」　38
「べき論」の押しつけは人間関係に亀裂を生む　40
実際の職場のミスマッチも離職理由の一つ　42
発信力不足が招いた人材不足　49

［第3章］外部に向けた発信で認知度を高める！　施設ブランディングが人材確保の要

勝ち組はノウハウを明かさない　54
ノウハウを伝えて介護福祉業界を元気にしたい　55
介護福祉士がYouTubeに進出した理由　56
YouTubeの学校に通う　58
収益化への道のり　59
YouTubeがもたらす採用の効果　61
YouTubeを通じて人脈を広げる　63

YouTube発信の基本　64
YouTubeで発信する利点と注意点　68
施設ブランディングが人材確保の要　70
収入面も施設ブランディングに重要　73
施設ブランディングだけでなく個人ブランディングも重要視する　74
本当に必要な人材を見極める　77
採用時にミスマッチを排除する　79
求人を丸投げすると失敗する　81
マーケティングを学ぶ　84
YouTubeでは見た目も大切　86
業界ブランディングで業界外の人材にアプローチ　89
ホームヘルパーもブランディング次第　92
国も介護の魅力発信に力を入れている　93
日本介護福祉魅力研究協会の立ち上げ　95

［第4章］　内部に向けた発信で組織のパフォーマンス向上を促す！
施設マネジメントの強化で離職率は劇的に改善する

内部に向けた発信とは　102
個人ブランディングでロールモデルを示す　103
キャリアアップをモチベーションに　107
トップダウンとボトムアップはどちらが良いか　109
介護施設でのマネジメント　114
ナンバー2の育成が重要　115
人間関係はケアの質とリンクする　117
上司と部下の板挟みを解決するために　118
介護保険制度を理解させて、不要な不満をなくす　119
デキる介護リーダーの共通点とは　120
理念と現実のギャップを考えるワークシートで人材育成　122
「優しい人」が多い介護福祉業界　127
人材育成の重要性　129
データを読み解く力とは　131
シェア会の実施　133
当たり前のことを教えることこそ必要　137

稼ぐことは悪くない　139
施設の看板を背負う職員　140
理念はどうやって浸透させるのがよいか　141
良好な人間関係を築く7原則　144

［第5章］ 発信力が向上すれば職員定着率が上がる！ 人が辞めない介護施設が超高齢社会を支える

発信力向上ですべてがうまく回る　150
外部にも目を向けよう　152
介護福祉事業にもＩＣＴ（情報通信技術）化が必要　155
デジタル化が進まないのは、生産性の向上を追い求めていないから　160
介護福祉業界全体が発信力を高める必要がある　162

おわりに　166

［第1章］

深刻化する人材難、他業種と比べて高い離職率……施設の倒産が相次ぐ介護福祉業界

過去最多の介護事業者の倒産

介護業界は今、かつてないほどの苦境に立たされています。

２０１９年に新型コロナウイルス感染症が発生してからの４年間、感染することを恐れた利用者の利用控えという逆風に、介護事業者はさらされ続けてきました。それに加えて、急激な物価の上昇により食材や電気料金、ガソリン代の高騰にも苦しめられ、経営自体が成り立たない状況に陥っている事業者が増えてきています。では、新型コロナウイルス感染症の流行や物価の上昇が落ち着いたら、介護事業者を取り巻く厳しい状況は改善に向かうのかというと、もちろんそうではありません。

長年介護業界が抱える深刻な課題の一つに、人材不足があります。業界内部は人材を奪い合う状態が続いており、人材を確保できなければ事業所は運営できません。たとえ運営できたとしても、人手が不足していれば職員の負担はそれだけ大きくなり、離職が進むリスクがあります。離職率が高ければ、新たに人を雇うために求人広告や教育のコスト負担が重くのしかかり、経営を圧迫してしまいます。

[図表1] 老人福祉・介護事業の倒産 年次推移

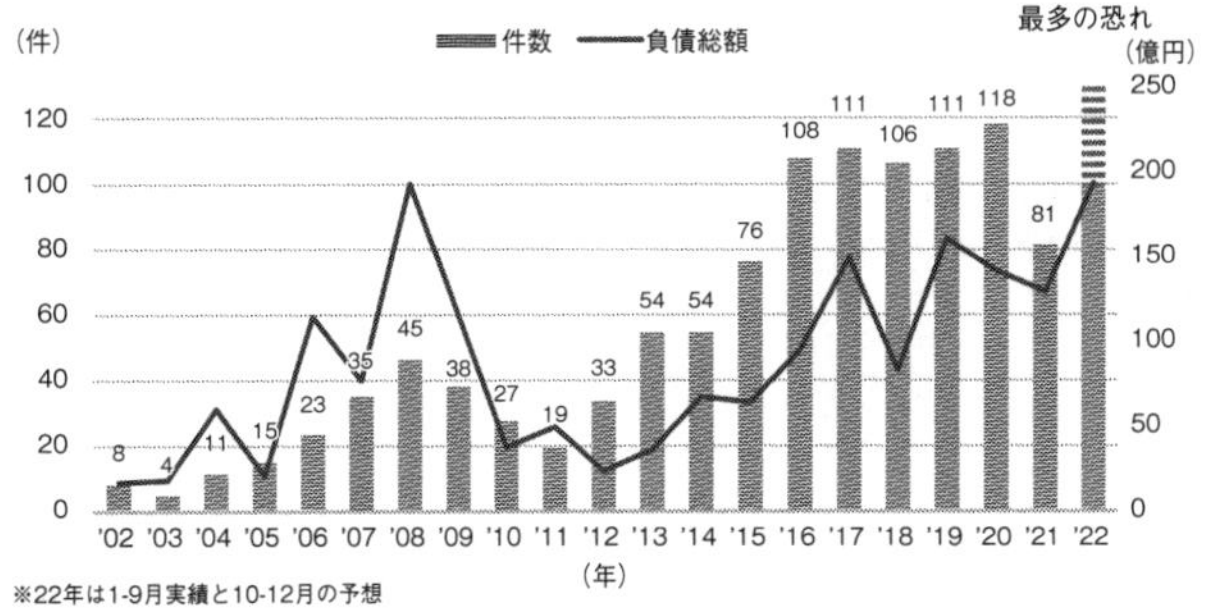

※22年は1-9月実績と10-12月の予想

東京商工リサーチ　老人福祉・介護事業の倒産 年次推移

私もかつてこのような厳しさに直面した介護事業者の一人でした。ただでさえ介護業界は３Ｋと呼ばれる「きつい・汚い・危険」のイメージが強い業界です。人材不足の問題が解決されなければ、介護業界全体がつぶれてしまいかねません。

老人福祉・介護事業の倒産件数は２０１６年以降、年間１００件を超えていました。２０２１年には81件に改善しましたが、これは介護報酬のプラス改定やゼロ・ゼロ融資、介護事業者向け支援などが広がったためです。翌２０２２年は、まるで無理なダイエットのあとのリバウンドのように、過去最悪を記録することが予測されていました。

実際に２０２２年11月には、ＮＨＫであるニュースが流れました。信用調査会社「東京商工リサーチ」の調査で、2022年1月から11月15日までに倒産した介護事業者が全国で計124件に上り、2000年の介護保険制度スタート以降で最も多くなった、というものです。業種別では、「通所・短期入所」（デイサービスなど）63件、「訪問介護」40件、「有料老人ホーム」11件、「その他」10件と、いずれも前年の同時期よりも増えていました。

このNHKのニュースでは、倒産の理由として、「ヘルパーなどの人材不足」「感染拡大期の介護サービスの利用控えによる減収」「食材などの物価や光熱費、燃料費の高騰」を挙げています。

介護事業はサービスの性格上、価格転嫁が容易でなく、厳しい経営に改善の兆しを見出せないのが実情です。介護のデジタル化など、コスト削減への取り組みも必要ですが、資金繰りが悪化している事業者には新たな投資は困難です。あらゆる物価高を背景に、コスト削減に向けた支援が急務になっているのです。

介護業界に起こった変化

NHKのニュースより前のことになりますが、別のニュースも介護業界に衝撃を与えました。神奈川県で特別養護老人ホームなどの介護事業を展開していた社会福祉法人大磯恒道会の破産です。日経新聞電子版は２０１９年1月29日付で、この社会福祉法人が２０１８年12月に東京地裁へ準自己破産を申請し、保全管理命令を受けたと報じています。

記事によると、同法人は40年以上にわたり地域に根ざした介護事業を展開していましたが、２０１４年３月期に赤字転落して以降は業績悪化が続き、神奈川県から複数回の経営改善命令を受けました。結局、収益は改善せず、破産に追い込まれてしまいました。

ひと昔前の感覚では、社会福祉法人が運営する特別養護老人ホーム（特養）は国からの助成金や税制面での優遇があるため、利用者の費用負担を低く設定でき、運営は安定していると見られていました。特に努力をしなくても利用者が訪れ、職員の給与もある程度守られている、社会で必要とされる公的な性質の強い施設なのだから倒産はあり得ない、というのが常識でした。

しかし、実際には倒産が起きているのです。私の周りの介護現場の人たちも特養でもつぶれるのかと衝撃を受けていました。特養の安全神話は崩れようとしています。

さらにここ10年間における介護福祉業界の大きな変化として、サービス付き高齢者向け住宅（サ高住）の乱立が挙げられます。サ高住は２０１１年10月に施行された「高齢者住まい法」の改正で創設され、２０２２年10月時点で登録数は全国で27万８７７６戸に達しました。「食事の提供」「介護の提供」「家事の供与」「健康管理」のうちどれか1つでも実施していれば「有料老人ホーム」に該当し、老人福祉法の指導監督の対象となっています。現状ではサ高住の大部分が有料老人ホームに該当し、約半数が介護を提供しています。

国は高齢者の住まいを確保したいため、サ高住の建設に対する手厚い補助制度や税制面での優遇措置などを設け、民間企業の参入を容易にしました。さらに、土地の有効活用を望む地主にとっては、アパートを建てるよりもサ高住や有料老人ホームを建てたほうが、集客が見込めます。こうして「介護施設を建てれば儲かる」「誰でもできる」「相続税対策ができる」「建物さえ建てたら、利用者は来る」などの話が広がり、他業種からの参入が多数ありました。

しかし、介護事業はそんなに簡単ではありません。介護施設が多数建った結果、競争が激化し、利用者の取り合いが起こりました。やはり、介護保険制度や介護そのものに関するノウハウがないと、経営や運営は難しいものです。介護のノウハウがない施設には利用者が集まらず、経営が厳しくなります。一方、きちんと経営や運営ができている施設には利用者が集まります。こうして、二極化が進んでいったのです。

赤字を回避し黒字化するためには、施設のサービスを充実させ、その魅力を発信して利用者に来てもらうことが必要です。そして、定員規模の拡大を図るとともに、職員の生産性を上げる教育を実施し、コスト増につながる離職を減らすことが重要なのです。

介護現場の人材不足

サ高住や有料老人ホームの乱立により、利用者の取り合いだけではなく働き手の取り合いも生まれました。介護業界の人材不足について、公益財団法人介護労働安定センターは毎年、介護保険サービス事業を実施する事業所を無作為に抽出し、さまざまな項目について調査しています。その1つに「人材不足感」があります。

令和3年度の調査結果では、介護事業所全体の人材の過不足状況は、「大いに不足」「不足」「やや不足」と答えた事業所を合計すると63・0％で、前年の60・8％から0・8％

[図表2] 人材不足感の推移

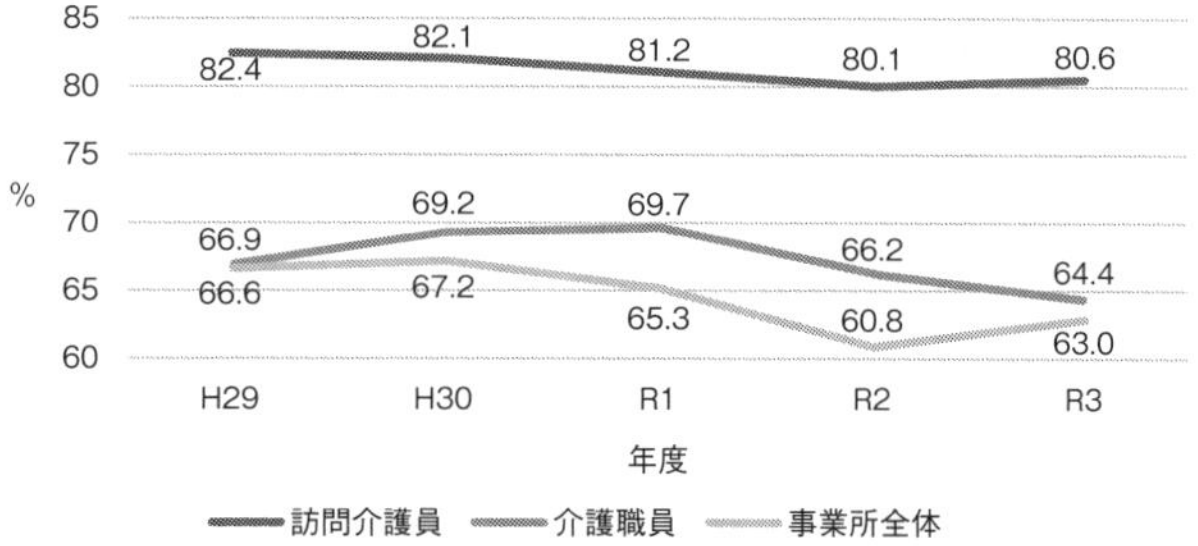

※調査項目は「訪問介護員」「介護職員」「看護職員」「介護支援専門員」「生活相談員」「サービス提供責任者」「PT・OT・ST 等」の 7 職種と「事業所全体で見た場合」

公益財団法人介護労働安定センター　令和3年度「介護労働実態調査」

増加しています。過去5年間は60％台で推移していて、それほど大きな変動はありません。職種別では、「訪問介護員」（ホームヘルパー）の不足感が最も高く、80・6％に達しています。「介護職員」は64・4％でした。

厚生労働白書（令和4年度版）によると、ホームヘルパーや介護支援専門員（ケアマネジャー）、介護福祉士などの介護関係職種の有効求人倍率は、2021年で3・64倍でした。これは職を求める人1人に対して平均3・64件の求人があることを意味しており、3〜4の施設が1人の働き手を奪い合っている状況といえます。

なお、有効求人倍率はハローワークでの求

［図表3］有効求人倍率（介護関係職種）の推移（暦年別）

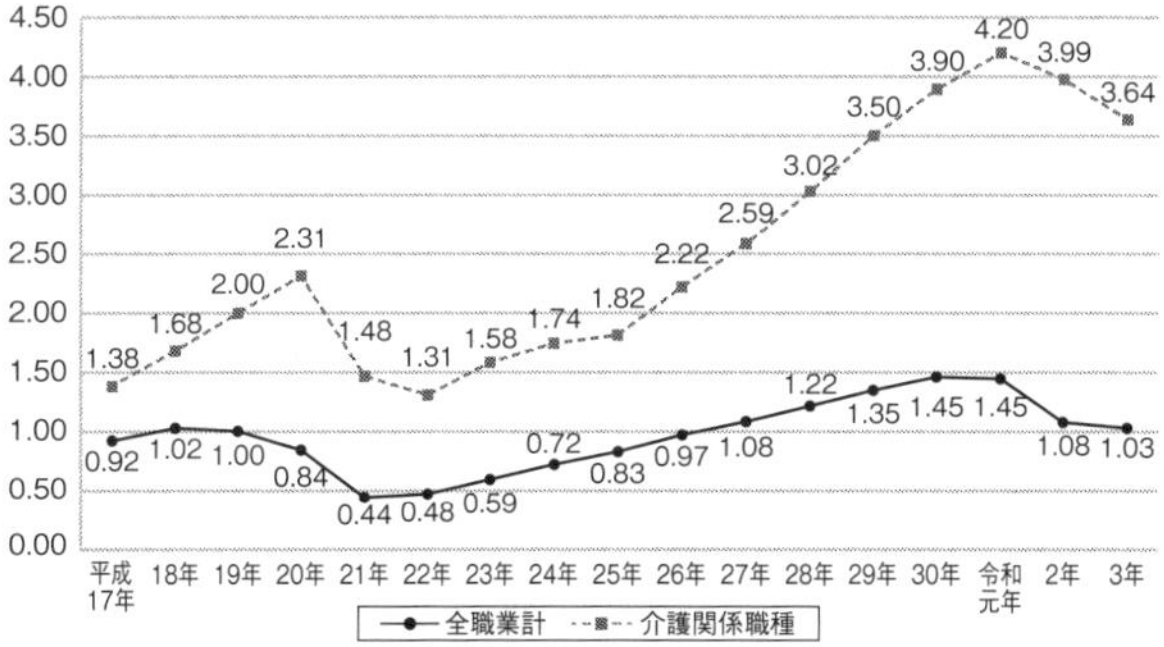

令和4年版厚生労働白書

人数や求職者数から求める値で、民間の求人誌や求人サイトの数字は入っていません。このため実態を正確に表しているとはいいがたいのですが、目安にはなります。

全職種計の有効求人倍率は同じ年で1・03倍ですから、介護関係職種の人材不足はかなり厳しい状況です。2005年以降の推移を見ると、慢性的な人材不足が続き、全職種計との乖離も大きくなっていることが分かります。

グラフでは、2019年の4・20倍をピークに2020年に3・99倍、2021年に3・64倍と改善傾向が見られますが、コロナ禍で失業した別の職種の人たちが流れてきた影響もあると考えられます。

ハローワークでの再就職状況を見ると、接客・給仕と飲食物調理で他の職種に再就職する人の割合が上昇し、女性の常用（雇用期間4カ月以上または期間の定めがない雇用契約）では「一般事務」と「介護サービス」などに転職する人の割合が上昇しています。このため、有効求人倍率が改善してきたからといって、コロナ後も長期的に続くとは限りません。

一方、2022年2月における介護関係職種の有効求人倍率を都道府県別に見ると、東京が4・91倍、愛知が4・60倍、大阪が4・09倍で全国平均の3・63倍を上回り、特に都市部での人材確保が難しくなっています。

人手不足が特に深刻なのが、ホームヘルパーです。厚生労働省によると、ホームヘルパーの有効求人倍率は2019～2020年度は約15倍に達し、同時期に3・90～4・31倍だった施設介護員の有効求人倍率を大きく引き離しています。ホームヘルパーは高齢者の生活に寄り添い、非常に専門性の高い仕事です。しかし、昔ながらの家政婦やお手伝いさんのイメージがあり、若い人たちがなかなかやりたがらないというのが現状です。

[図表4] 介護職の離職率

（%）

	平成26年度	平成27年度	平成28年度	平成29年度	平成30年度	令和元年度	令和2年度	令和3年度
2職種 計	16.5	16.5	16.7	16.2	15.4	15.4	14.9	14.3
訪問介護員 計	14.0	14.1	15.4	14.8	13.3	13.6	15.6	13.6
介護職員 計	17.5	17.6	17.2	16.7	16.2	16.0	14.7	14.6

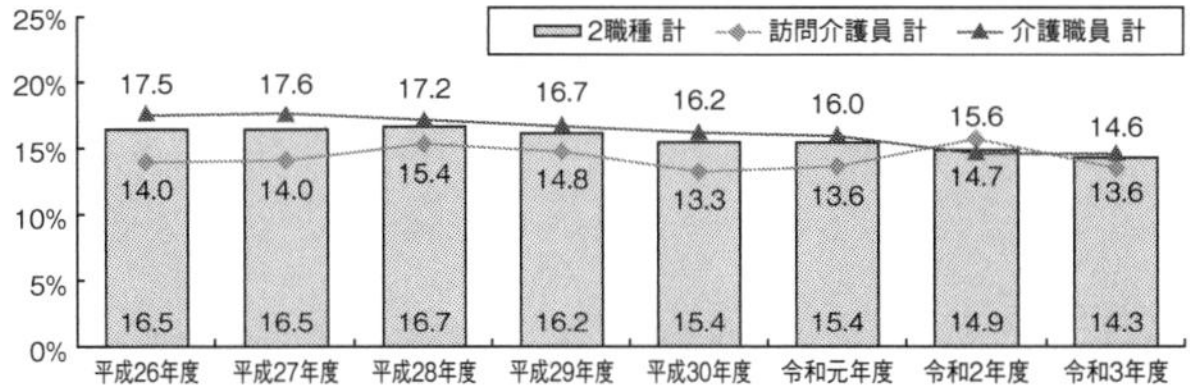

②雇用動向調査（厚生労働省）との離職率比較

（%）

		平成26年度（26年）	平成27年度（27年）	平成28年度（28年）	平成29年度（29年）	平成30年度（30年）	令和元年度（元年）	令和2年度（2年）	令和3年度（3年）
雇用動向調査	産業計	15.5	15.0	15.0	14.9	14.6	15.6	14.2	–
	宿泊業、飲食サービス業	31.4	28.6	30.0	30.0	26.9	33.6	26.9	
	生活関連サービス業、娯楽業	22.9	21.5	20.3	22.1	23.9	20.5	18.4	
	医療、福祉	15.7	14.7	14.8	14.5	15.5	14.4	14.2	
本調査	2種合計	16.5	16.5	16.7	16.2	15.4	15.4	14.9	14.3

（注1）（　年）は雇用動向調査実施年　（注2）雇用動向調査：産業計の常用労働者

厚生労働白書　令和3年雇用動向調査結果の概要

全産業平均より高い離職率

高い有効求人倍率を乗り越えてスタッフを採用できても、次には高い離職率という課題が待ち構えています。

介護職（訪問介護員と介護職員）の離職率は全産業平均の離職率と比べて高く、厚生労働省の雇用動向調査によると、令和3年度の全産業の平均離職率は13・9％で、介護職が0・4ポイント上回っていました。差が3・3ポイントあった2010

［図表5］入職率・離職率の推移

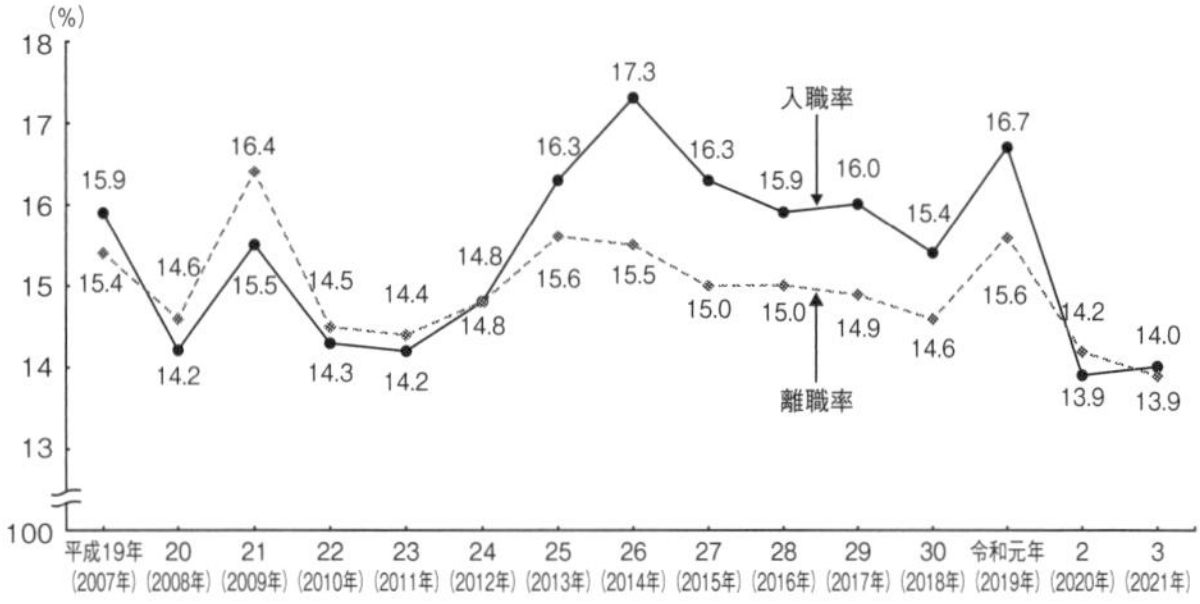

厚生労働省　令和3年雇用動向調査結果の概要

年度と比べると差は縮まってはいますが、全産業平均と比べて介護職の離職率が高い傾向はそのまま続いています。

「人材赤字」が倒産へ直結

介護業界で有効求人倍率が高いということは、スタッフを集めにくい状況であることを意味します。職員が集まらないと施設を運営できません。慢性的な人手不足に悩まされるだけでなく、採用後せっかく育てても半年や1年で辞められてしまうと、それまでに採用や人材育成に投入したお金が無駄になり、再び最初から始めなければならなくなります。人材育成は投資です。離職と採用を繰り返していては、いつまで経っても投資額を回収できず、赤字になってしまいます。

私の会社は、施設を立ち上げて3年が過ぎてから経営が安定してきました。この経験から、人を雇ったら一人前になるまでに3年はかかると考え、この期間は施設運営のために働いてもらうよりも、一人前以上になってもらうためにオリエンテーションの実施や研修費の支援、教育者の選任などを優先しています。この3年間は人材に対する初期投資です。当然、事業所にとってマイナス収支になりますが、投資を惜しまなければ、早く一人前に育ち、生産性も上がって、投資を回収できるようになります。それまでには一定の時間がかかるということを理解しないといけません。

しかし、統計データを見ると、3年未満で離職するケースが約6割に達しているのが現状です。介護労働安定センターの令和3年度の調査によると、同年9月30日までの1年間に離職した人の勤務年数は、3年未満が58・7%を占めていました。1年未満の離職も35・0%ありました。調査対象は、訪問介護員、サービス提供責任者、介護職員の3職種です。

[図表6] 離職者の勤続年数の内訳

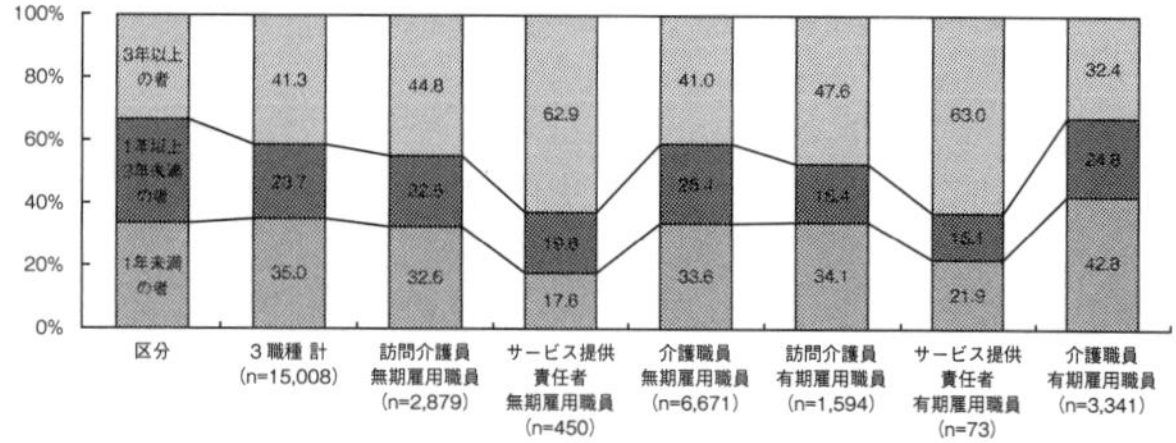

1年間（令和2年10月1日から令和3年9月30日まで）に離職した者の勤務年数をみると、訪問介護員、サービス提供責任者、介護職員の３職種（無期と有期）離職者のうち3年未満が58.7%となっている。
無期雇用職員で「1年未満の者」を職種別でみると、訪問介護員は32.6%、サービス提供責任者は17.6%、介護職員は33.6%となっている。

介護労働安定センター　令和３年度介護労働の現状について

これを見ると、投資の段階で職員が辞めてしまい、投資を回収できない状況が多いということが、介護業界にのしかかる課題であることが分かります。

企業の「じんざい」には「人材」「人財」「人在」「人罪」の４つがあるといわれます。もともと使われる「人材」は役に立つ人物のことです。「人財」の財には会社の経営資源である財産の意味が込められています。一方、「人在」は会社にただいるだけの人、「人罪」は会社にとってマイナスになる人という意味で使われます。

人件費は、人材を人財に育てるための投資

です。人材に適切な投資をしなかったり、逆に人罪に無意味な投資をしてしまったりすると、離職が相次いで倒産への道をたどる運命が待っています。

逆に、職員が「この職場は働きやすい」「やりがいがある」と思っている施設は定着率も高く、職員の入れ替わりがないため求人に費用をかける必要がありません。

年々事業を拡大している施設との二極化が進む

有効求人倍率や離職率というデータを見るうえで注意が必要なのは、こうした数値は平均値だという点です。例えば、３人の生徒がテストの結果を見せ合って、それぞれ40点、50点、60点だった場合、３人の平均点は50点です。一方、20点、30点、１００点だった場合も平均点は同じく50点です。

なぜこのようなことをいうのか、それは介護業界の有効求人倍率や離職率の高さと、私が介護の現場で感じる現状とが食い違っているためです。あるとき私たちの施設で職員を募集すると、10件ほどの応募がありました。そこで、ほかの事業所はどうなのか気になり、実態を把握してみることにしました。

私は、認知症介護の実践者研修や厚生労働省が定める研修などの講師を務めています。管理者や経営者が集まる研修会で、参加者に「働き手が集まっていますか?」と聞いてみたことが何度かあります。そのときによって受講者は30人だったり60人だったりと規模は違うのですが、だいたい8～9割が「人が集まらない」に手を挙げます。人手不足に悩み、求人を出しても応募がないというのです。

一方、「集まっている」と答えた人たちは、自分たちの取り組みや施設の目標や理念をいきいきと話します。取り組みを冊子にしている施設もありました。

有効求人倍率や離職率の数値は、業績が良い事業所も悪い事業所もすべてひっくるめた平均値です。解像度を上げて実態を詳しく見てみると、働き手が離れて倒産する施設がある一方、働き手も利用者も集まる人気の施設もあり、「勝ち組」と「負け組」に明確に二極化しています。

厚生労働白書（令和4年版）によると、介護職員の離職率は事業所によってばらつきがあり、「離職率10%未満」の事業所は全体の5割近い46・6%である一方、「離職率30%以

［図表7］離職率階級別に見た事業所規模別の事業所数の割合

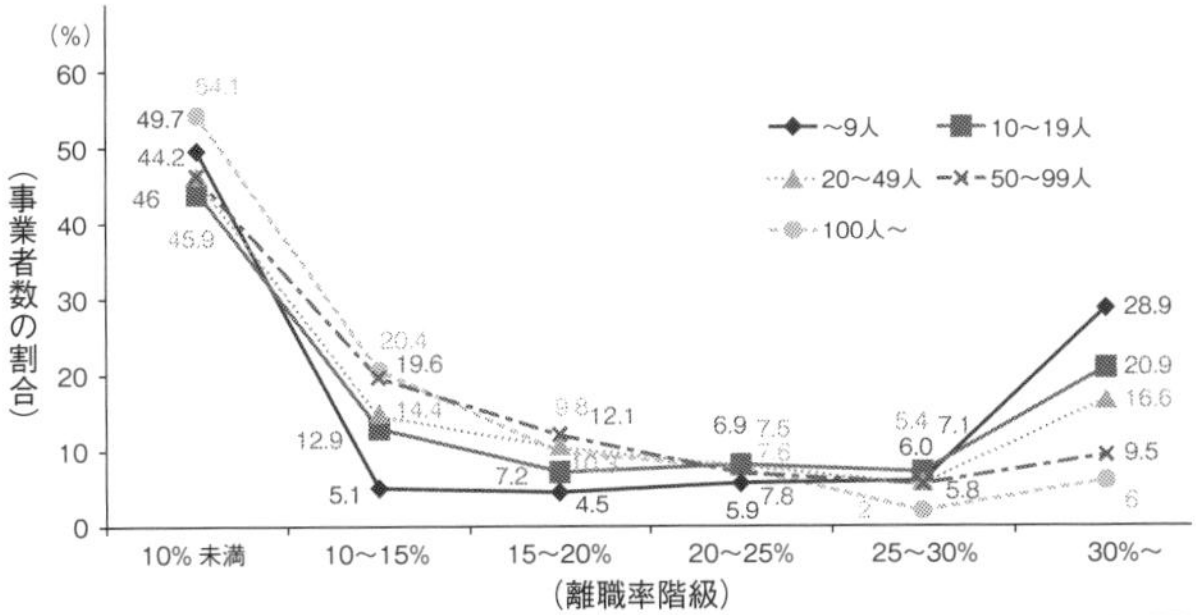

全事業所の割合	46.6%	13.5%	8.7%	7.2%	5.8%	18.2%

資料：（公財）介護労働安定センター「令和２年度介護労働実態調査」により厚生労働省社会・援護局福祉基盤課において作成。
（注）　離職率＝（１年間の離職者数）÷ 労働者数
　　　離職率の全産業平均は 14.2%（厚生労働省政策統括官（統計・情報政策、労使関係担当）「令和２年雇用動向調査」）

令和4年版厚生労働白書

上」の事業所は2割近い18・2%でした。グラフにすると、両端の「10%未満」と「30%以上」が多く、その間が少ないお椀のような形で、まさに二極化しています。この年の平均離職率は14・9%であり、5割近い事業所は離職率10%未満だったのに、全体の2割程度を占める離職率30%以上の事業所が平均値を引き上げていたことになります。

事業所の規模の違いで見ると、9人以下の事業所は「離職率10%未満」が49・7%、「離職率30%以上」が28・9%となっていて、特に二極化が顕著です。規模が100人以上の場合は「離職率10%未満」が54・1%を占め、「離職率30%以上」は6%しかなく、二極化していません。規模が大きいと、離職率が極端に高い事業所が少なくなる傾向が読み取れます。

介護業界の人材難が劇的に改善する見込みはありません。介護施設は今後、勝ち組と負け組の二極化がさらに進み、旧来の考え方のままの施設は淘汰されていくと予測されます。この勝ち組施設と負け組施設の明暗を分けるのは、いかに自分の施設が魅力的かを伝える力、すなわち「発信力」があるかどうかなのです。

［第2章］

3Kだから集まらない、すぐ辞めるは間違い！介護施設が人手不足に陥る原因は「発信力不足」

［図表8］人材が不足している理由（複数回答）

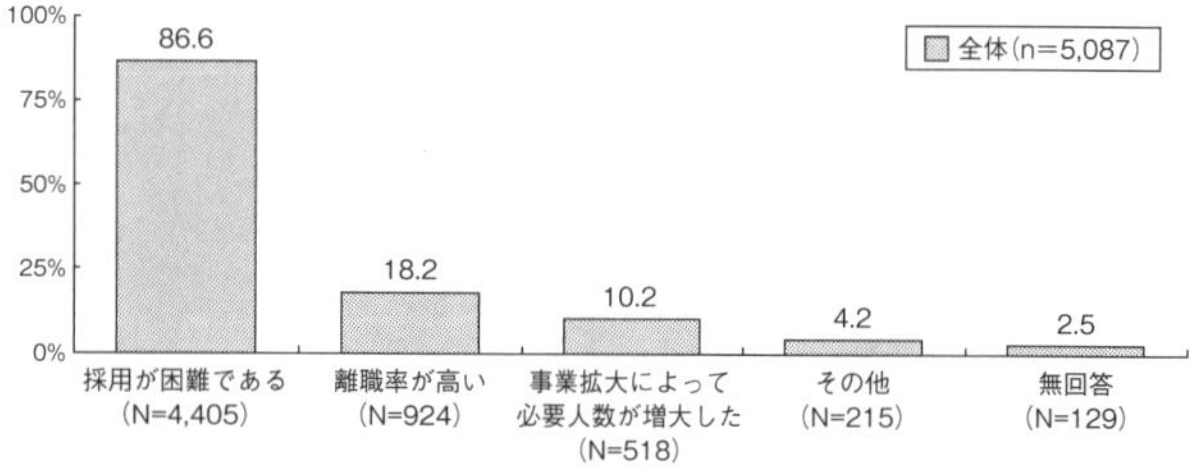

介護労働安定センター　令和２年度介護労働実態調査　事業所における介護労働実態調査結果報告書

なぜ人材不足に陥ってしまうのか

介護労働安定センターの調査結果（令和2年度）によると、人材が「不足している理由」（複数回答）は「採用が困難である」が断トツで多く、86・6％も占めています。次いで「離職率が高い」が18・2％、「事業拡大によって必要人数が増大した」が10・2％でした。やはり、まずは採用難と離職率の高さを解決しないことには、人材不足は回避できません。

まず、「採用が困難」の原因について考えます。

介護労働安定センターの調査では、「採用が困難」と回答した事業所に対して、その原因（複数回答）も聞いています。結果は、多い順に「他産業に比べて、

［図表9］採用が困難である原因（複数回答）

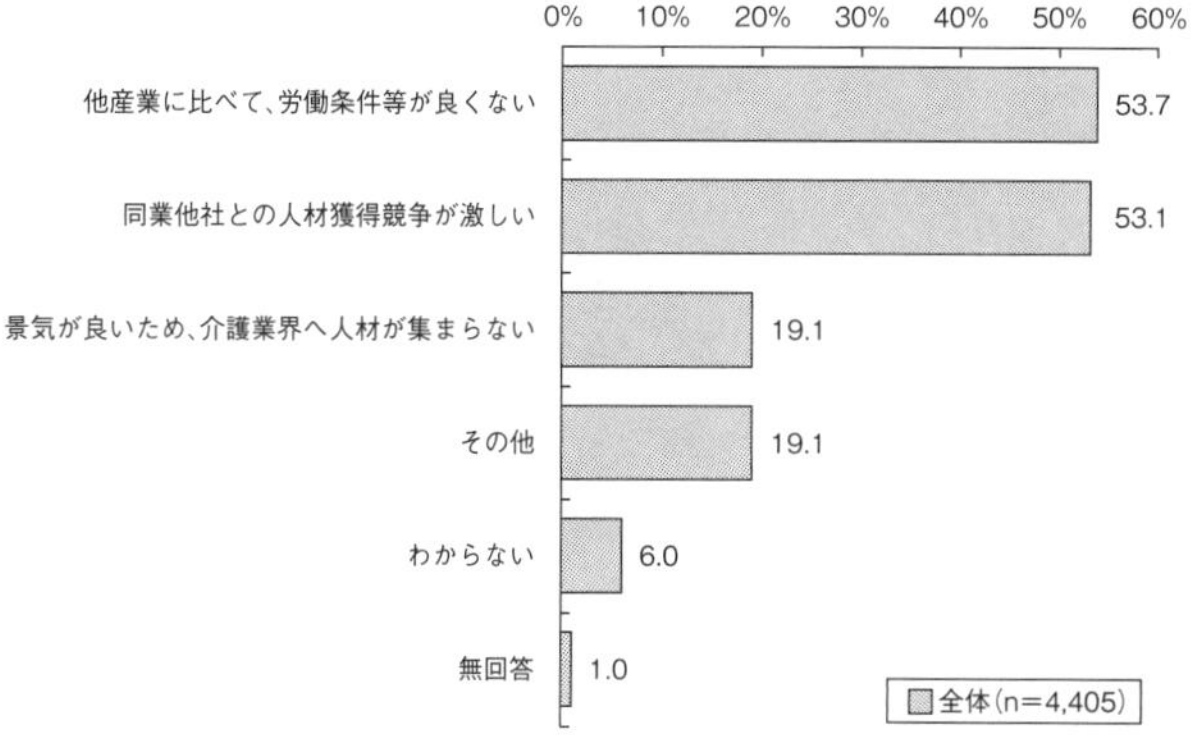

介護労働安定センター　令和２年度介護労働実態調査　事業所における介護労働実態調査結果報告書

労働条件等が良くない」（53・7%）、「同業他社との人材獲得競争が激しい」（53・1%）、「景気が良いため、介護業界へ人材が集まらない」（19・1%）、「その他」（同）でした。「わからない」という素直な回答は6・0%ありました。

この設問は、「他産業に比べて……」から「わからない」までの5つの選択肢を示して、採用が困難である原因は何にあると考えるか当てはまる番号すべてに○を付けるように求めています。つまり、採用が困難である原因自体を探るのではなく、原因は何だと思うかという個人的な感想を聞いていることになります。介護事業者の思い込み、あるいは採用ができないことへの言い訳を反映しているとも思います。

回答では「同業他社との人材獲得競争が激しい」と「他産業に比べて、労働条件等が良くない」の2つが圧倒的多数を占めており、前者については有効求人倍率の高さから考えても間違いありませんが、後者については必ずしもこれが採用を困難にしている本当の理由だとはいえないのです。

3Kといわれる介護福祉業界

介護の仕事は「きつい・汚い・危険」の3Kといわれるように、労働条件が悪いネガティブなイメージがつきまといます。3Kどころか「給料が安い」が加えられて4Kとされたり、「臭い」「休暇が取れない」「暗い」「婚期が遅れる」なども入って7Kや8Kといわれたりすることもあります。

ただ、外部から介護業界に入った私から見ると、介護の仕事は決して3Kや4Kではありません。

私は高校卒業後、自動車の板金塗装の仕事をしていました。朝5時に出勤して、夜中の11時頃まで働き詰めです。帰宅が午前1～2時になることもありました。汚れたつなぎの作業着のまま布団に入り、朝4時に起きてそのまま職場へ向かい、そして自宅には寝に帰るだけです。休みは月に4日程度で、子どもと関わる時間もプライベートの時間もありませんでした。

勤務時間が長いだけではありません。ノルマが課せられ、数字に追われる毎日です。納期までに仕上げなくてはならず、サービス残業もしました。さらに、工場といっても車を出し入れしたりリフトを上げたりするため、作業場はほとんど外にいるのと変わりません。冬は寒いし、夏は暑い……挙げればきりがないほど過酷な職場でした。

このときと比べると、介護の仕事は天国です。職場は空調が効いているし、ノルマや歩合制というストレスにさらされることもありません。ある程度の給料も保証されています。早番、中番、遅番という勤務時間が設定されていて、自分のシフトが終われば次の人に仕事のバトンを渡して帰宅できます。このため自分の時間もつくりやすく、とても働きやすいなと働き始めてすぐに感じました。

腰痛などの身体的負担を指摘する声もありますが、力任せではなく体の使い方を工夫すれば腰への負担は減らせます。技術を学べば解決できることです。

高校時代のアルバイトも含めて、こんなに環境が整った職場で働いたことはありませんでした。介護業界の労働条件は決して悪くないのです。

介護は「ありがとう」と言われる仕事

もちろん、介護業界の労働条件が非常に恵まれているわけではないことも確かです。ただ、働くうえで労働条件以上に大切なことが、介護の仕事にはあると考えています。それは、利用者や家族から「ありがとう」と言われるということです。私が介護の仕事で感じるいちばんの魅力です。

私は自動車の板金塗装の仕事を辞め、無資格・未経験の何も知らない状態で介護の世界に飛び込みました。最初の職場は認知症対応型のグループホームでした。

ここで働き始めてすぐの頃、今でも忘れられない印象的な出会いがありました。利用者のおばあちゃんが笑顔で「久しぶりだね」と手を握って、両手でさすってくれたのです。今では認知症ケア上級専門士の資格をもっていますが、当時は認知症のことはまったく知りません。「『はじめまして』なんだけどなぁ」と戸惑いながらも、おばあちゃんの手のぬくもりがじんわりと心に伝わってくるのを感じていました。

そのおばあちゃんは午前10時のお茶のときも、また「ありがとね」と私の手をさすりました。笑顔で喜び、感謝してくれています。そのとき、私もここで働いていいんだ、ここで仕事をしていくのが私の存在意義だと心の底から感じることができたのです。

以前の仕事では、こちらが顧客にお礼を言う立場で、むしろクレームを言われたり、怒られたりしてばかりでした。私にとって「ありがとう」と感謝されたことは衝撃的で、このときの体験が、介護を生涯の仕事にしようと覚悟を決めた原点です。

介護の仕事を長く続けていると、こういった魅力を体感することは少なくありません。介護業界で働く人は「３Ｋ」という言葉に惑わされずに「ありがとう」と感謝される幸せな仕事だということを忘れずにいることが重要です。

外部から来たからこそ気づけた採用の間口の狭さ

私自身、外部から無資格・未経験で介護の世界に入ったからこそ分かるのですが、介護業界には採用の間口を狭くして、自ら採用を困難にしてしまっている事業所が多くあります。

介護の世界で経験を積み、順調に経営者への階段を上がってきた人は、専門学校や大学で福祉を学んだ卒業生に採用の人材を求める傾向があります。自身が介護や福祉を学んできたから、それしかルートがないという先入観をもってしまっているのです。さらに、介護職の経験がある即戦力を求めようとします。

しかし、日本社会は少子化が進んでいます。１９８０年生まれの人は全国に約１５０万人いますが、２０００年生まれの人は１１０万人程度しかいません。さらに２０２２年生まれは80万人を割り込みました。若い人たちの絶対数がどんどん減っているのですから、介護を学んだ若者に人材を求めても限界があります。なぜ即戦力を求めてしまうのか不思議ですが、介護の世界だけで生きていると、かえって視野が狭くなってしまうのかもしれません。

超高齢社会に突入した現在、日本社会が必要とする介護人材は増え続けているため、求人数は増加しています。求職者数がその増加に追いつかないと、有効求人倍率の高さは根本的に改善しません。このような状態なのに、少ない求職者を同業他社と奪い合っていても介護業界の未来は拓けません。

では、どうすればいいかというと、現在の求職者の外側、つまり介護職を選択肢に入れていない人たちをターゲットにし、分母である求職者数を大きくするのです。学歴も職歴も関係ありません。仕事が決まらず悩んでいる人に手を差し伸べて、企業が人を育てることに力を入れていかないと、介護福祉業界は閉ざされた状態のままになってしまいます。他業種からの風を多く取り入れて活性化させるほうが、介護福祉業界にはプラスになるのです。

［図表10］介護関係の前職を辞めた理由

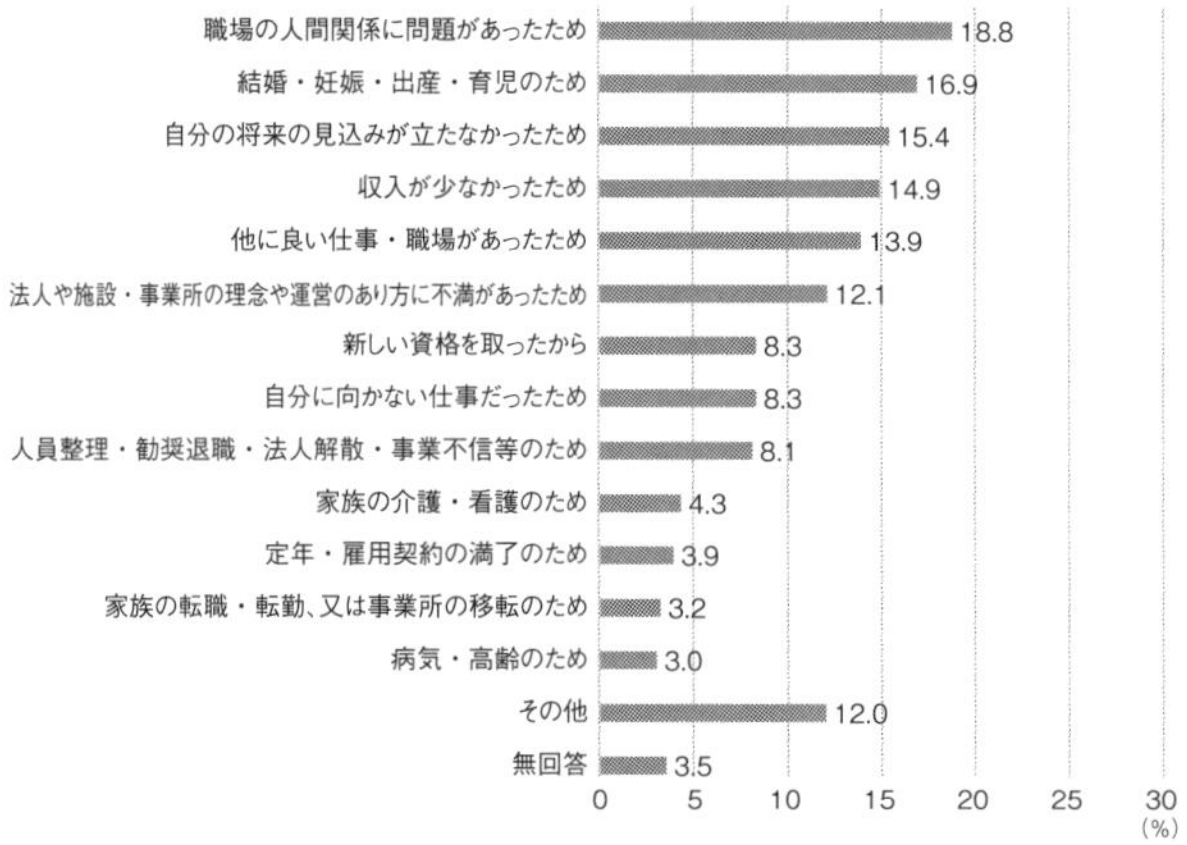

令和3年度介護労働実態調査を基に作成

離職理由の1位は「人間関係に問題」

介護労働安定センターが、介護事業所で働く人を対象に「前職を辞めた理由」（複数回答）の調査をしています。令和3年度の調査結果によると、前職の職種が「介護関係職種」だった人の離職理由を抽出したところ、「職場の人間関係に問題があったため」が最も多く、18・8%の人に当てはまりました。ほかに「結婚・妊娠・出産・育児のため」が16・9%、「自分の将来の見込みが立たなかったため」が15・4%、「収入が少なかったため」が14・9%、「他に良い仕事・職場があったため」が13・9%、「法人や施設・事業所の理念やあり方に不満があったため」が12・1%と、続きました。

「職場の人間関係」は、私もよく耳にします。特に、入って来たばかりの新人は右も左も分からず、人間関係も白紙の状態です。

例えばA先輩から、ケアはこうするのがよいと教えられて、そのとおりに介護をしていると、今度はB先輩から、そんな介護の仕方ではダメだと怒られる……などということはよく起きます。この新人は、まったく違うことを言うA先輩とB先輩のどちらに従ったらいいか分からず、困惑してしまいます。先輩2人やほかの職員に状況を説明して解決策を聞ける関係性が出来上がっていればいいのですが、新人だとなかなかそうはいきません。こうしたことが積み重なって、職場を去ってしまうケースがたくさんあります。

このほかにも、ケアがマニュアルどおりにいかない場合に先輩に聞くことができないというケースもあります。このために人間関係のもつれが生じて、職場を去ることもあるのです。

もっと下世話な話だと、休憩室で始まる陰口大会もあります。人のうわさは感染力が高くてたちが悪く、最悪の場合は組織を壊しかねません。

「べき論」の押しつけは人間関係に亀裂を生む

私自身にも、職場の人間関係で失敗した経験があります。

介護の現場でチームのリーダーを務めていたときのことです。当時の私は自分なりに介護への熱い思いをもっていて、チームの仲間の考え方や意見を受け入れずに、「俺みたいになれ」と言っていました。その頃は、さまざまな研修に参加して積極的に技術や知識を学び、私に介護されたいという利用者もいたため、自分が絶対的に正しいと自信過剰になっていました。知識だけを振りかざし、同僚に対してこうあるべきだという「べき論」を押しつけていたわけです。今、振り返ると非常に恥ずかしい話です。

そんな状態で何が起きたかというと、私が職場にいるときといないときでケアに差が出るようになりました。利用者のおじいちゃんやおばあちゃんではなく、私の目を気にしてケアをしていたのです。一方的に熱い思いを押しつける私がいるときは、「良いチーム」を装っていました。職員は心のなかに葛藤を抱えていたのだと思います。結果として、全員退職していってしまいました。

それでもまだ、私は自分の間違いに気づけていませんでした。ほかの人が辞めても、自分がいればいいんだ、とさえ思っていました。そんなときに社長から、お前1人でやっているんじゃないと指摘され、ハッと気づいたのです。

当時の私は「自分がいれば最高の施設がつくれるから、自分の考えに合った人だけがいればいい」という傲慢な考えをもっていました。これは明らかに間違っています。介護は24時間365日、切れ目なく続けなくてはなりません。たった1人のリーダーがいくら頑張っても、ケアをするのはチーム全体です。私が利用者のためと思い込んで行っていたことは、私のエゴでした。利用者のことを考えているようで、考えていなかったのです。当時の仲間は、それぞれが理想とするケアについて、リーダーである私に話せる状況ではありませんでした。もちろん悩みも相談できません。ストレスを抱えて苦しかったと思います。

チームでケアに関わるからには、利用者の気持ちはもちろんのこと、仲間のことを知り、どんなことを考えているかに関心を向けなくてはなりません。そのうえで、自分自身の思いを伝えることが大切です。

人間関係が離職理由になる場合は、かつての私のようにその人本人や周りの人に理解し合おうという考えが足りないことが、原因の一つとして考えられます。また、リーダーや管理者がコミュニケーションの重要性を深く理解していない可能性もあります。

実際の職場のミスマッチも離職理由の一つ

介護関係の前職を辞めた理由で「職場の人間関係に問題があったため」のほかに注目すべきなのは、「法人や施設・事業所の理念や運営のあり方に不満があったため」や「他に良い（介護関係の）仕事・職場があったため」といった理由も、10％以上と高い割合となったことです。私はこの2つを、働く人の理想と実際の職場のミスマッチであるととらえています。

介護労働安定センターの令和3年度の調査（複数回答）によると、「現在の仕事を選んだ理由」は「働きがいのある仕事だと思ったから」が最も多く、半数の50・6％を占めました。次いで「資格・技能が活かせるから」（37・1％）、「人や社会の役に立ちたいか

［図表11］現在の仕事を選んだ理由（複数回答）

	全　体	
回答労働者数	19,925	100.0%
働きがいのある仕事だと思ったから	10,079	50.6%
今後もニーズが高まる仕事だから	6,043	30.3%
人や社会の役に立ちたいから	6,103	30.6%
生きがい・社会参加のため	2,741	13.5%
お年寄りが好きだから	4,434	22.3%
身近な人の介護の経験から	3,119	15.7%
資格・技能が活かせるから	7.397	37.1%
介護の知識や技能が身につくから	4,505	22.6%
給与等の収入が多いから	1,225	6.1%
自分や家族の都合のよい時間（日）に働けるから	3,779	19.0%
他によい仕事がないため	1,807	9.1%
その他	955	4.8%
特に理由はない	809	4.1%
無回答	351	1.9%

介護労働安定センター　令和3年度介護労働者の就業実態と就業意識調査

ら」（30・6％）、「今後もニーズが高まる仕事だから」（30・3％）、「介護の知識や技能が身につくから」（22・6％）、「お年寄りが好きだから」（22・3％）と続きます。

働きがいのある仕事がしたい、自分のスキルを活かしたい、人や社会の役に立ちたいなどの理想を抱いて介護の仕事を選んだ人の多いことが分かります。こうした理想と現実の間にギャップがあった場合に、離職につながってしまうのです。

同じ調査では、「現在の法人に就職した理由」（複数回答）という質問項目もあ

[図表12] 現在の法人に就職した理由(複数回答)

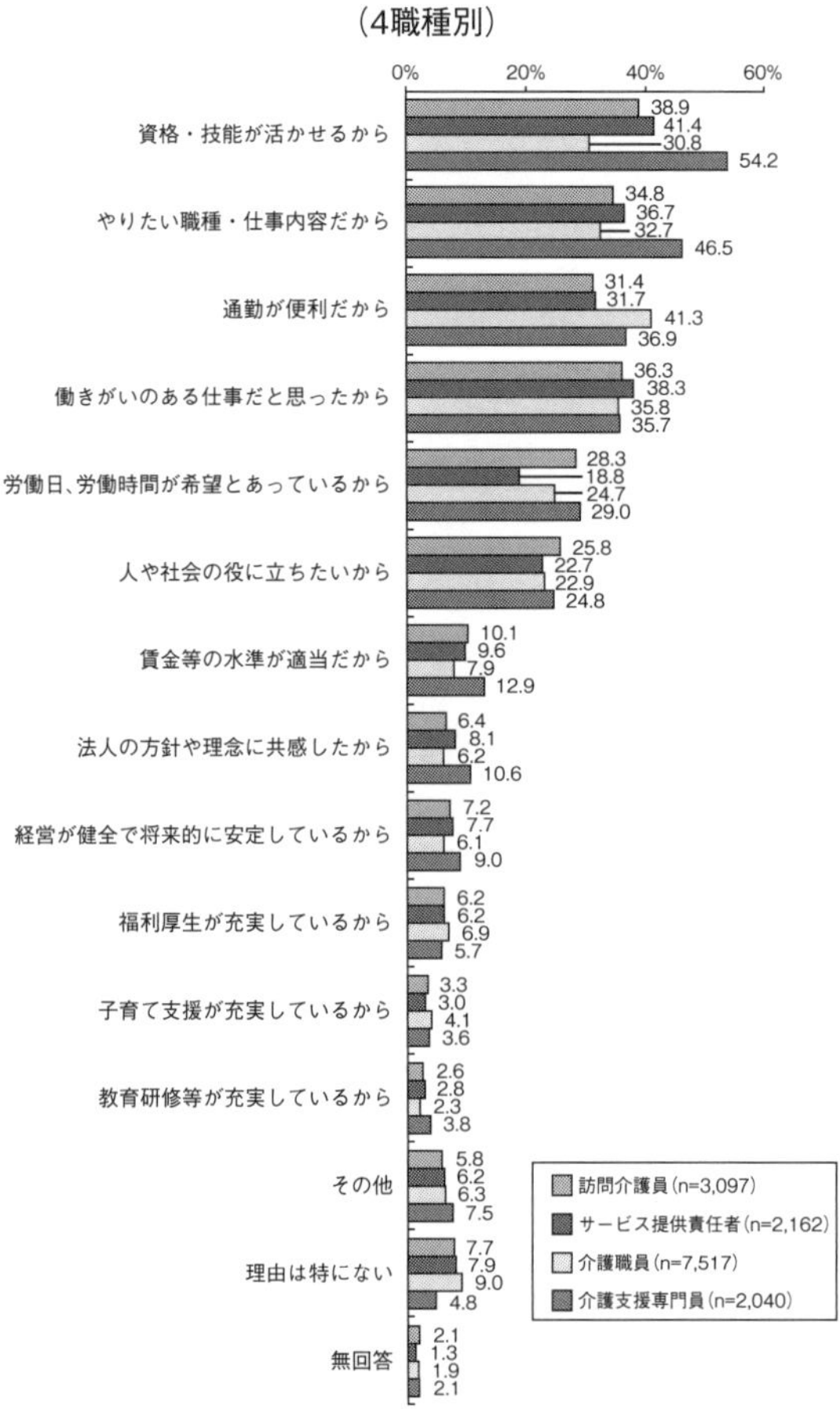
(4職種別)
0%
20%
40%
60%
資格・技能が活かせるから
38.9
41.4
30.8
54.2
やりたい職種・仕事内容だから
34.8
36.7
32.7
46.5
通勤が便利だから
31.4
31.7
41.3
36.9
働きがいのある仕事だと思ったから
36.3
38.3
35.8
35.7
労働日、労働時間が希望とあっているから
28.3
18.8
24.7
29.0
人や社会の役に立ちたいから
25.8
22.7
22.9
24.8
賃金等の水準が適当だから
10.1
9.6
7.9
12.9
法人の方針や理念に共感したから
6.4
8.1
6.2
10.6
経営が健全で将来的に安定しているから
7.2
7.7
6.1
9.0
福利厚生が充実しているから
6.2
6.2
6.9
5.7
子育て支援が充実しているから
3.3
3.0
4.1
3.6
教育研修等が充実しているから
2.6
2.8
2.3
3.8
その他
5.8
6.2
6.3
7.5
理由は特にない
7.7
7.9
9.0
4.8
無回答
2.1
1.3
1.9
2.1
訪問介護員(n=3,097)
サービス提供責任者(n=2,162)
介護職員(n=7,517)
介護支援専門員(n=2,040)

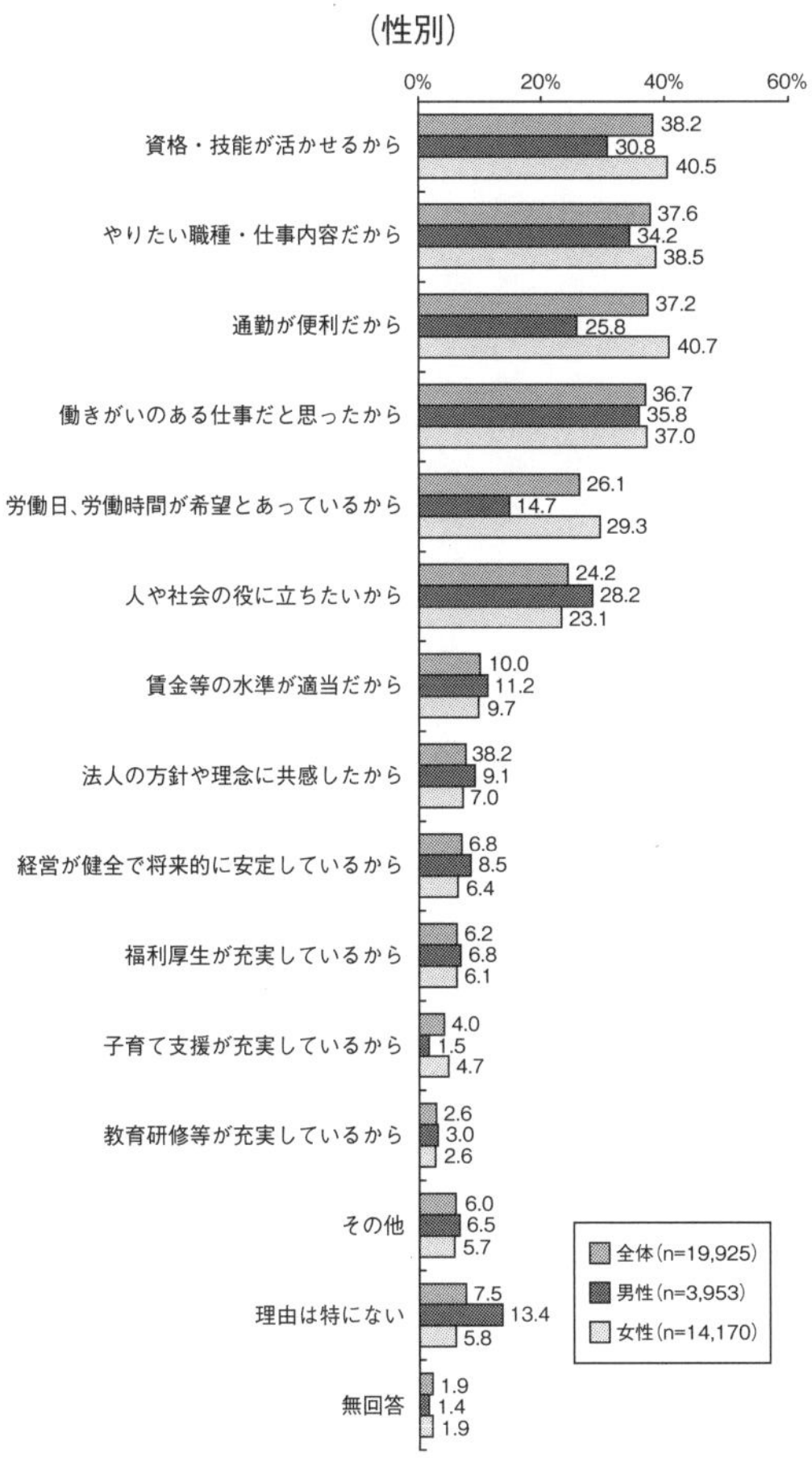
(性別)
0%
20%
40%
60%
資格・技能が活かせるから
38.2
30.8
40.5
やりたい職種・仕事内容だから
37.6
34.2
38.5
通勤が便利だから
37.2
25.8
40.7
働きがいのある仕事だと思ったから
36.7
35.8
37.0
労働日、労働時間が希望とあっているから
26.1
14.7
29.3
人や社会の役に立ちたいから
24.2
28.2
23.1
賃金等の水準が適当だから
10.0
11.2
9.7
法人の方針や理念に共感したから
38.2
9.1
7.0
経営が健全で将来的に安定しているから
6.8
8.5
6.4
福利厚生が充実しているから
6.2
6.8
6.1
子育て支援が充実しているから
4.0
1.5
4.7
教育研修等が充実しているから
2.6
3.0
2.6
その他
6.0
6.5
5.7
理由は特にない
7.5
13.4
5.8
無回答
1.9
1.4
1.9
全体(n=19,925)
男性(n=3,953)
女性(n=14,170)

介護労働安定センター 令和3年度介護労働者の就業実態と就業意識調査

りました。こちらの回答の上位には「資格・技能が活かせるから」（38・2％）、「やりたい職種・仕事内容だから」（37・6％）、「通勤が便利だから」（37・2％）、「働きがいのある仕事だと思ったから」（36・7％）、「労働日、労働時間が希望とあっているから」（26・1％）、「人や社会の役に立ちたいから」（24・2％）が並びます。

法人に就職した理由を聞いているのに、法人の理念や経営の健全性、賃金、福利厚生など法人の個性を理由に挙げる人が少なく、理由の上位が「資格が活かせる」「やりたい職種」など介護関係の仕事を始めた動機と似通っていることが気になります。

離職理由で「法人や施設・事業所の理念や運営のあり方に不満があったため」がある程度高いことを考えると、就職するときには法人の理念や運営は決め手にならず、介護の仕事ができるという理由でその法人に決めたけれど、実際に働いてみると理念や運営に不満が出てきて辞めてしまう――というケースが多いことが分かります。これは、法人側が理念や運営についての情報を明確に示していないことが背景にあり、こうしたミスマッチは、事業者と働き手の両方を不幸にします。

実際に採用に携わっていると感じるのですが、就職を希望する人は大きく2つのタイプに分けることができます。1つは条件面を重視するタイプです。面接時に通勤距離を気にしたり、賃金の交渉をしたりする傾向があります。もう1つは、介護の仕事をしたいという志をもち、やりがいや資格取得を重視するタイプです。こちらは自分の祖父の介護がきっかけで、介護について学びたくなったというような思いを語り、給料は会社の規定どおりでよいという人が多いです。どちらのタイプが良い、悪い、というよりも事業所との相性の問題です。

同じように事業所も、条件面をメインに募集を掛けるところと、やりがいを打ち出しているところとの2タイプに分けられます。応募者が稼ぎたいと考えて条件面を重視する人ならば、勤務条件は厳しいけれど給料が高いという事業所に行けばいいのです。しかし、そのような考えの人が温かな介護をいちばんに掲げる事業所に来てしまうと、ミスマッチが起きてしまいます。

また、事業所の理念と職員の理念のミスマッチも起こり得ます。組織で働くということは、会社組織が目指しているミッションを達成することです。職員はこの事業所の理念の達成を目指しつつ、自分のやりたいことを目指します。このとき、事業所が理念を明確に示していないと、職員は向かう方向を見失ってしまいます。そして、自分のやりたいことが叶えられないと、辞めていってしまいます。

一方、職員の理解不足から不満が生じるケースも多くあります。例えば採用面接で、利用者が本当に好きなことを叶えてあげたいという希望を語る人がいました。具体的には、デイサービスの利用者を旅行に連れて行くなどといったことで、以前働いていた事業所ではできなかったのが不満だったと言います。この人は、介護保険制度では可能なことと不可能なことがあることを理解していません。勉強不足なのに、自分のやりたいことだけを伝えて施設は実現してくれない、と言うわけです。

この人は優しい人ではあります。おじいちゃんやおばあちゃんの夢を叶えてあげたい、お墓に連れて行ってあげたい、孫の結婚式に出席させてあげたい、そう思うのはとても良いことです。しかし、介護保険制度ではできません。自費のサービスを提供するかどうかは事業所の考え方次第なので、その事業所が提供しない方針ならば、職員がいくらやりたいと言っても実現はできず、やりたいのならば、自費のサービスを提供する事業所に行くしかありません。

発信力不足が招いた人材不足

私は今、個々の介護事業所や介護業界全体に発信力が足りなかったため、この業界は人材不足に陥ってしまったのだと考えています。

まず、介護業界の外から人材を得ないと袋小路に入ってしまうのに、介護という仕事の魅力を十分に発信していませんでした。むしろ、内向きに同業他社と人材獲得競争を繰り広げ、他産業に比べて労働条件などが良くない、３Ｋだから人が来ないなどと言い訳をして思考停止をしていました。業界全体で介護職に対するネガティブなイメージを放置し、ポジティブなイメージを発信する努力を怠ってきたのです。

世の中には、介護の仕事は「働きがいがある」「資格や技能を活かせる」「人や社会の役に立てる」と考えて働き始め、この業界で働き続けている人がたくさんいます。私もその1人です。外部に対して、介護の仕事の魅力を正確に伝えれば、介護を就職や転職先の選択肢にする潜在的な介護職員はたくさんいるはずです。

離職率の高さも、発信力の不足が招いていると考えられます。離職の原因の一つは、理念や運営方法、労働条件などのミスマッチです。応募の段階で外部に対して十分に情報発信しておけばミスマッチは防げるのに、それが足りないために採用したあとで行き違いが明るみに出て、問題になるのです。また採用後、組織の考えやルールをしっかりと伝えるという点でも発信力が問われます。

以上のような視点で現在の求人戦略を振り返ると、不足していたことが明確になると思います。自分たちの仕事や職場がいかに魅力的であるか、一緒に働くとどんな良いことがあるか、自分たちがどのような理念を掲げ、何を大切にしているかといったことを、新たな人材発掘に向けて効果的に発信し、伝える努力ができているかどうかを見直す必要があります。

発信力とは、情報や思いを届けたい相手に届ける力です。さらに届けるだけでなく、行動に移させる力でもあります。発信力がなければ、自分たちの施設に振り向いてくれるはずがありません。

自分が運営する事業所が人材不足に悩んでいるとしたら、それは発信力不足が原因です。

私はこれまで、発信力を磨く努力をしてきました。こうして得たノウハウを、志をもって一生懸命に頑張っている事業所や、現状を打開したいと考えている事業所の人に届けたいと考えています。なぜなら、それが介護業界を支える人材を増やすことにつながると信じているからです。

［第3章］

外部に向けた発信で認知度を高める！
施設ブランディングが人材確保の要

勝ち組はノウハウを明かさない

私は創業当初、人材確保の秘訣を教えてもらおうと、成功している人たちに相談したことがあります。新規オープン時にはたくさんの応募があって人材には困らなかったのですが、その後のマネジメントに失敗して次々と職員が辞めてしまったのです。

しかし、相談はしたものの、参考になる話は聞けませんでした。例えば「自分の娘が看護学校に通っていて、そのつてを頼っている」と教えてもらったのですが、私にそんなつてはありません。ほかにも日本全国を飛び回ってたくさんの経営者に人材確保のコツを聞いて回りましたが、うまくはぐらかされるのがほとんどでした。

そうしたなかで、ある経営者が「ジモティーで求人を出したら結構来るよ。ほかに使っているところは、ほとんどないよ」と教えてくれました。ジモティーとは、ネット上で「売ります、あげます」や「メンバー募集」「アルバイト」などの情報をやりとりする地域（地元）の掲示板です。介護業界ではハローワークで求人することが多いのですが、アドバイスを受けて私もジモティーを利用してみたところ、思いのほか応募者が集まり、こういう方法もあるのかと感心した経験があります。

教えてくれたのは、店舗数を増やして勢いに乗っている経営者でした。私はほかの人がやらない方法で求人することがいかに大切かを、このときに学んだのです。

ノウハウを伝えて介護福祉業界を元気にしたい

私は現在、YouTubeで介護業界の話題を広く発信しているのですが、思いのほか反響があり、手ごたえを感じています。この経験から「外部に向けた発信力の強化」をすれば人材確保に困ることがなくなり、離職率もそれほど増えないことが分かりました。

手の内を明かすのは、私自身が介護の仕事に魅力や価値を感じていて、その介護業界が活性化してほしいと考えているからです。私は介護の世界に入ったおかげで、どん底だった人生から抜けだし、幸せを手にしました。それなのに、現状では介護職がネガティブなイメージを抱かれ、若い人たちにとって将来の仕事の選択肢の上位に入っていません。だからこそ、介護の仕事が「働きがいのある仕事」であるだけでなく、世の中に必要とされ、地域や社会の課題解決にもつながる仕事だということを広く知ってもらいたいと思っています。魅力を正しく知ってもらえれば、介護業界全体の人材不足も解消に向かうはずです。

たくさんの人が私のノウハウを知って真似をするようになったら、独自性は薄れてしまうかもしれません。私をはるかに超える発信力の持ち主が現れて、お株を奪われてしまうということもあり得ます。しかし、介護業界全体の発信力が高まり、介護という仕事の魅力が広く伝わるのならば、私はそのほうがいいと考えます。

ほかの産業で働く人のなかには、仕事にうまく適合できずに苦しんでいる人がいます。メンタルに不調をきたす人もいます。そのような人も、介護業界で働いてみたら適性があり、新しい道が開ける可能性は大いにあるはずです。そのきっかけをつくるためにも、介護という仕事の魅力を広く伝える必要があるのです。

介護福祉士がYouTubeに進出した理由

私は、2020年8月からYouTubeを使って情報発信をしています。最初は週2回の頻度で始め、週3回までペースを上げました。2022年冬の時点で公開した動画は約

300本、チャンネル登録者数は8000人を超え、その結果、人材不足に困らなくなっただけでなく、利用者や家族に対して安心感を与えることにつながっています。

YouTubeを始めたきっかけは、新型コロナウイルス感染症の流行でした。流行前から有料老人ホームとデイサービスを併設した2施設目の計画を進めていたのですが、コロナの影響で一時、ストップすることになってしまったのです。しかし、いくら世の中が止まっていても企業の成長を止めるわけにはいきません。何かできることをしようと考え、行き着いたのが動画を使った情報発信です。当時はちょうど、5G（第5世代移動体通信）サービスが都市部を中心に一部エリアでスタートしたばかりでした。5Gは超高速、多数同時接続、超低遅延が特徴です。これにより、動画を用いた情報発信がますます世の主流となっていくことは明らかでした。

始めた当初は、採用につなげるつもりではありませんでした。頭にあったのは、専門職を務める私たちが、きちんと介護の仕事の価値や魅力、やりがいを世の中に発信していくことに意義がある――という考えです。また、ケアマネジャーや、病院を回って対面で行っていた情報発信がコロナ禍でできなくなったため、その代替になるとも考えました。当時介護業界で、YouTubeで発信している例はほとんどなく、ほかがやっていないことこそ、挑戦する価値があると考えたのです。

YouTubeの学校に通う

YouTubeで発信すると決めたのはいいのですが、動画制作の経験もありませんし、何をしたらいいかも分かりません。そのため、ネットで調べて、ビジネスYouTuberの学校に通うことにしました。そこではチャンネル登録者数100万人を超えるYouTube講演家の鴨頭嘉人さんが開講していて、YouTubeを事業に結びつけるノウハウやマーケティングについて学べると考えたのです。

東京校と大阪校があり、もちろん群馬県からは東京校のほうが近いのですが、いち早く学びたかったので先に開校していた大阪校に決め、半年間、月1回新幹線で通いました。講習の内容は期待どおりで、採用への使い方やビジネスへの応用、SEO(サーチエンジン最適化)などを学ぶことができました。

SEOとは、グーグルなどの検索で自分のウェブサイトが上位に表示されるように実施するさまざまな工夫（最適化）のことです。インターネットで高い頻度で見てもらうためには必須で、ウェブを使ったマーケティングの基本中の基本です。ところが、介護の現場の人たちはビジネスやマーケティングについて学ぶ機会はほとんどありません。私も、SEOなどの用語はYouTubeを始めてから知りました。

講義に通って学ぶだけでなく、宿題も課されます。受講している仲間同士で、YouTubeへの投稿状況や動画の内容、タイトルの付け方などを検討し合いました。投稿後に結果も分析し、マーケターとしてデータを見られるように訓練もしました。当時は投稿して分析することの繰り返しで、今振り返ると毎日YouTubeのことしか考えていなかったなと思います。

収益化への道のり

私にとって、YouTubeによる情報発信の仕方を学ぶことは、デジタルマーケティングを学ぶことと同じでした。デジタルマーケティングとは、ウェブサイトやSNS、メールなどを活用して顧客を獲得することを意味します。ところが、介護業界の場合は顧客が高齢者であり、デジタルになじみのない人たちが中心となるため、一般に行われているデジタルマーケティングの手法をそのまま導入しても効果はあまり見込めません。

そこで考えたのが、デジタルマーケティングの手法を人材募集に活かし、若手の介護職員に来てもらうというやり方だったのです。

一方「YouTubeで広告収入が得られるのでは？」と考える人もいると思います。確かに、YouTubeの動画に広告を掲載すると再生回数に応じた広告収入が得られます。ただし、かなりの再生回数に達しないと労力に見合った収益は得られません。YouTubeでは、介護や福祉関係の動画はニーズが少ないのが実情です。私が通った学校の講師も「ライバルがいないから狙い目かもしれないが、YouTubeの登録者数は派手には伸びないだろう」と話していました。

ただ、まったく利益がないかというと、そうではありません。介護施設は、年間の求人広告にかなりの予算を割いています。その予算を、例えば１００万円から50万円に削減できれば同じ額の収益を得たことに相当します。実際、私たちの事業所はYouTubeによる情報発信を始めてから、求人広告に多額の費用を掛けずに済むようになってきました。求人広告費の節約による収益であると受け止めています。

YouTubeがもたらす採用の効果

２０２０年にYouTubeを始めた当初から、この媒体での情報発信が多くの人に受け入れられるだろうという見通しは立っていました。それまで対面で実施していた介護の研修は、コロナ禍で止まっても需要がなくなることがなく、待っている人、求めている人が少なくないのを知っていたからです。しかも、コロナ禍を経て幅広い世代が動画を通しての情報受信に慣れ、今後動画コンテンツが主流になっていくのは間違いありませんでした。

団塊の世代８００万人全員が75歳以上になる２０２５年頃には、５Gが当たり前の世の中になっていると思っています。今から動いておかないと、必ず乗り遅れると考えたのです。介護業界のほかの事業者が手を出していない今、先駆者となってポジションを取っておけば、さまざまなビジネスにつなげることができます。

YouTubeでの発信が職員採用時に効果を及ぼすまで、1年もかかりませんでした。求人情報誌に、YouTubeを簡単に見られるQRコードを載せて求人広告を出したところ、1カ月のうちに20~40代の8人から応募があったのです。応募者のほとんどがYouTubeを見て来ていました。従来は求人広告を出しても問い合わせはあまりなく、明らかに「YouTube効果」だったといえます。

そのときの応募者は、面接で自分の介護観を語り、私たちの理念に共感してくれる人が多かった印象です。条件面については、それまで「何曜日から何曜日が働けなくて」とか「最低これだけの額が欲しい」などと細かく詰める人が多かったのですが、このときから「給与形態はお任せします」という人が主になりました。YouTubeやホームページを見てもらえば、私たちの施設が理念を大切にしていることが伝わります。その段階で、私たちと考えが合う応募者に絞られたのだと考えられます。

YouTubeでスタッフ募集の告知はしませんでしたが、動画の説明欄に採用ページのURLを記して誘導はしました。その結果、採用ページを訪れる件数が格段に増加したのです。

YouTubeを通じて人脈を広げる

YouTubeを始めた当初、同業者や周囲の人からは「何がしたいの？」「YouTuberになりたいの？」などと言われました。介護業界では今でも、YouTubeやSNSを広告の手段に使う考え方は浸透していません。

ただ、始めて1年くらい経ち、YouTubeのチャンネル登録者数がじわりじわりと増えてくると、周囲の態度は明らかに変わりました。これは、地元選出の衆議院議員や前橋市長など社会的地位のある人と対談したことが影響しています。今まで特に目立たなかった人が国会議員や市長と対談しているのをYouTubeで見たら、視聴者はとても驚きます。また、私のYouTubeを見た認知症介護指導者やリハビリテーション職の人が、対談のオファーをしてくれたこともあります。

このように、YouTubeを通じて人脈が広がっていきました。広がった人脈はYouTubeで「見える化」され、さらに人脈は広がります。このサイクルが回ることによって、なんとなく私自身のイメージがブランド化されたのだと思います。

周囲の態度が変わったのは、YouTubeで発信することの意味を言い続けた効果もあります。ただ遊んでいるだけではないということが、ようやく理解されてきました。

YouTube発信の基本

YouTubeで、視聴者の心に刺さる情報を発信するために、まず知る必要があるのが、自分が「良い」と思う内容でも、ほかの人も同じように評価してくれるとは限らない、ということです。例えば食事の際、相手が何を食べたいのか知ろうともせず、私が好きな料理を一方的に注文してしまったら、わだかまりが残ります。よかれと思ってしたことが、結果としてエゴの押しつけになってしまうのです。

介護業界には心の優しい人が多くいます。しかし、その優しさが空回りして、「やってあげたい」という押しつけになる場合も往々にして見られます。さらに「良い介護なら世の中に求められる」「思いがあれば人は集まる」という強い思いを抱いて独立したけれど、ビジネスの知識を学ばないものだから失敗してしまう、というケースもあります。思いを実現したいのならば、ひとりよがりにならずに、「それは介護される人が本当に望むことなのか」「世の中のニーズに合致しているのか」と考えて、事業として成り立つようにしなければなりません。

YouTubeも同じです。動画が完成して自信がもてる出来だったとしても、関心をもたれずに再生回数が低迷することはよくあります。逆に、たいしたことないなと思ってアップした動画が、実は世の中に求められている内容だったということもあります。この事実を受け入れて発信しないと、届けたい相手に届けられないことになってしまいます。

こうした市場のニーズを知る手段として、YouTubeはデータをもとに試行錯誤ができるので、これを利用しない手はありません。例えば、動画のタイトルを変えて視聴者数の増減を調べたり、どういう内容なら最後まで見てもらえるかを分析したりして、「こういうタイトルや内容なら視聴者が見てくれる」と分かったら動画作成に反映させます。対面の講義では、これほどのデータに基づいた分析はできません。私もYouTubeのデータを見て、これまで対面で行っていた講義は、ひとりよがりだったのかもしれないと気づかされました。

同様のことは、介護の現場でも起こります。レクリエーションやイベントを「やってあげる」という上から目線の姿勢になってしまっていたり、敬老会や新年会などの催しを企画し、職員たちも仮装して楽しませてあげたつもりでいて、実は施設側のひとりよがりな満足に終わっていたりするということはないか、胸に手を当てて振り返ってみなければいけません。利用者側の視点に立つと、半ば強制されて何かを見せられている、となっている可能性があります。これが一般のショーだったら、つまらなければ会場から去ればいいのですが、施設内で車椅子で連れてこられたらそうはいきません。このようなことが介護の現場で頻繁に起きているのです。

YouTubeでの経験を当てはめると、介護の現場の問題点がはっきりと見えてきます。YouTubeで動画を見てもらうには、視聴者が求めるものでなければなりません。視聴者は何が見たいのかを言葉では教えてくれず、ニーズを読み取る努力が必要です。介護の現場でも、利用者が心に秘めている思いは何だろうか、ニーズは何だろうかと探らないと、利用者の幸せにはつながりません。

YouTubeの場合は、検索で動画にたどり着く件数や再生回数、最後まで見るかどうかというデータでニーズを計れるため、分かりやすいといえます。これがデジタルを活用する利点です。

このように、YouTubeのデータを通して世の中のニーズを見ていると、私自身の思いとのギャップを感じることがあります。例えば、私は身近な人間と理想の介護について語り合い、その理想を叶えたくて独立したのですが、YouTubeで求められるのはむしろ「パーソン・センタード・ケア（相手を一人の『人』として尊重し、その人の立場に立って考え、ケアを行おうとする考え方）」のような介護の基本の話や、人間関係のトラブルの話です。以前「施設長の悩み」というリアルな話を紹介したら、コメント数が急激に増えたこともあります。

YouTubeを始める前に想定していたような、高いレベルの話はあまり好まれません。難易度を上げると、視聴者は減ってしまいます。YouTubeの世界では、介護の現場で活かせる実践的なノウハウまでは、まだ求められていないと感じています。

YouTubeで発信する利点と注意点

YouTubeで発信する利点としては、まず現実の姿がそのままダイレクトに伝わる点が挙げられます。テレビも動画を放映するという点で同じですが、番組やコマーシャルは作り込まれていて、100％の真実を映していると誰も思っていません。化粧品のコマーシャルを見て、そこに出てくる俳優が本当に愛用していると信じている人はほとんどおらず、格好よく作られたプロモーション映像も、どことなく嘘っぽさが漂います。

一方、YouTubeも多少の編集はされていますが、やらせではないという信用度が非常に高いメディアです。言葉に詰まったり噛んだりしてしまっても、人間らしさが出ていると受け止められます。

ただし、これはメリットにもデメリットにもなります。どんなにとりつくろっても嘘はいつかバレるものですし、現代のネット社会ではその嘘を非難された場合のダメージは相当なものです。しかも、人間性がそのまま出てしまうので、発言や立ち振る舞いには注意が必要です。

YouTubeでは当初、私は登場せずに、施設にスポットライトを当てて職員や利用者に出てもらおうと考えていました。しかし、私たちの施設は理念を大切にしているのですから、やはりトップが顔を出して発信することが大事であることに気づき、自分が積極的に動画に出ることにしたのです。ホームページの「代表あいさつ」で理念を示すだけでは、人の心に届きません。求人広告に理念を書き連ねても、すぐに忘れ去られてしまいます。

YouTubeは、リアルな姿がダイレクトに伝わります。見た人が「こういうトップなんだ」「こういう考え方もあるんだ」などと受け止めて、「ここで働きたい」と思うような道筋をつくるように工夫しています。「理念」をキーワードにした動画が多いのはこのためです。

また、介護業界の外に人材を求めるという目的があるため、介護に特化しすぎた内容にしないように気をつけています。世の中の関心事に合わせて発信し、最終的には介護の話にもっていくという形です。

「生活保護」をテーマにした動画を例に挙げると、2022年の秋の時点では、最も再生回数が多いもので23万回でした。これはコロナ禍で失業者が増え、生活が苦しくなって「生活保護」のキーワードで検索する人が多かったことが理由であると推察されます。発信した内容は、生活保護を受けていても老人ホームに入居できることや、生活保護を受けている人が介護施設でどのような生活をしているかなどです。いずれも、生活保護のキーワードを入り口にして、介護について知ってもらう狙いです。

動画を見てもらうためには、動画自体の長さも重要な要素です。私がYouTubeを始めた当初は8～10分がいいといわれていましたが、私は10～15分を目指しており、内容によっては20～30分になることもあります。最近は長くて濃いほうがいいといわれていて、こうした通説はこれからも変わっていく可能性があるため、常に視聴者のニーズを探っていくことが大切です。

施設ブランディングが人材確保の要

もちろん、いくら情報発信のスキルを上げても、施設自体に魅力がなければ働き手は来てくれません。必要なのは、ほかの介護施設との差別化、つまり施設のブランディングです。

ブランディングとは、一般的に自社製品や会社そのものの価値やイメージを高めようとすることを指します。介護施設に当てはめた場合、その施設ならではの個性をつくり上げ、そのイメージや信頼感などを広く浸透させる活動全般のことになります。ブランディングと意識せずとも、これに当てはまることは、多かれ少なかれ誰もがやっているはずです。

私たちの施設の場合、すてきな職場だと思ってもらえるようにユニフォームを工夫しています。介護現場でよくあるピンクや緑の制服ではなく、普段着としても着られるようなデニム調の格好いい上着です。パンツは自分で自由におしゃれができ、職員たちからも好評な自慢のユニフォームです。女子生徒が「制服がすてき」という理由で進学先の高校を決めることがありますし、航空機のキャビンアテンダントの制服などは、そのスタイルや高級感がステータスの高さを演出しています。ユニフォームでワクワクし、働く職員のステータスも上げられるように、こだわって決めました。

施設のイメージは「スタイリッシュ」です。職員には「人とやりとりをするときはライトでポップな感じで」と言っています。ただでさえネガティブなイメージが先行してしまう介護の仕事ですから、施設に暗いイメージをもたせてはいけません。

YouTubeもブランディング戦略の一つです。動画制作では「明るい」ことを意識し、トップである私自身が、素の自分よりもあえて陽気に振る舞って発信しています。このことによって、新しいことに柔軟にチャレンジし、親しみやすいというイメージがもたれます。

さらに重要なのは、「理念を大切にしている」というイメージを定着させることです。私たちはまず、ホームページに理念を掲げました。社会に貢献することを目的とした理念のなかには「『その人』個人を大切にし、最高の幸せをお届けいたします」「人、地域、社会とのつながりを大切にいたします」「自分自身を磨き続け、夢を叶える会社を目指します」の3つを約束とした行動指針も盛り込まれています。

理念は掲げるだけでなく、日々の活動の原点にしています。例えば、理念と現状の間にどんなギャップがあるか検証する場を定期的に設け、問題点を整理しています。問題点が分かったら、解決するための具体的なアクションプランを定めます。そのアクションプランと職員それぞれの夢がうまく合っているかどうか見定めながら、事業所と個人の夢に向かって進んでいます。理念をすべての基準にしているので、ぶれることはありません。

介護事業所のなかには、理念を掲げていない、あるいは単に掲げているだけというところも少なくありません。しかし、理念を掲げて目的地を示し、人事評価やキャリアパスもすべて理念を基準にしないと、みんなばらばらに迷子になってしまいます。

収入面も施設ブランディングに重要

施設ブランディングの戦略の一つとして「ちゃんと稼げる」と示し、介護の仕事に染みついた「給料が安い」イメージを払拭することも重要です。

私たちの施設では、認知症ケア専門士の資格をもつ人には手当を支給することにしています。一般に、認知症ケア専門士のような民間の資格は介護報酬の加算が付かないため、手当を支給しない事業所が多いと思います。しかし、私たちの施設は認知症ケアを専門にしているため手当を付けています。こうすることによって、専門的に認知症ケアに取り組んでいる施設であるというブランディングにもなります。

また、役職以上の職員はいわゆる「良い車」に乗るように勧めています。私の愛車はジャガーですし、施設長はレクサスに乗っています。トップや施設長が良い車に乗ることによって、「頑張ると良い車に乗れる」と見える形で示しています。スーパーカーに乗っているプロ野球選手は憧れの目で見られます。スーパーカーは買えなくても、ステータスを示す車に乗ることは、ブランディングのためにも大切なことです。

施設ブランディングだけでなく個人ブランディングも重要視する

私は施設ブランディングや自分自身のブランディングにとどまらず、職員個人のブランディングも意識的に行っています。YouTubeを始めた当初は、職員よりも私が広告塔として前面に出ることを選んだのですが、続けていくなかで、採用につなげるためにはやはり職員に出てもらったほうがいいと考えました。

施設の管理者や施設長、介護福祉士がブランディングされて、「この施設はすてきだ」というイメージをもたれるようにしたいのです。サッカーで例えると「2022年FIFAワールドカップカタール大会で活躍した三笘 薫選手が格好よかったから、サッカーに興味をもった」というのと同じです。憧れられる介護福祉士がいれば、所属する施設や介護という仕事そのものに興味をもってもらえて、「一緒に働きたい」「介護福祉士になりたい」と思う人が出てきます。施設を前面に出すのではなく、管理者や施設長、働く職員に焦点を当てることによって求人の集客ができるという考え方です。

介護業界で働く人のブランディングをしているケースは、まだあまり見かけません。私のYouTubeには施設長が「ともちん」という愛称でキャラクターとして登場していますが、これは希少な存在です。その親しみやすいキャラクターの効果も表れていて、介護労働安定センターの依頼で講師を務め、その際に施設見学の依頼も来ました。施設に行ってみたいと思わせることができたのは、施設長個人の魅力とキャラクターを使った個人ブランディングの成果です。

施設長のほかに、別の男性職員も登場しており、この職員は外出先でも声を掛けられるようになりました。YouTubeの特徴の一つは親しみやすさです。YouTubeで個人ブランディングをしていると、その人が働く施設にも親しみを感じやすくなります。YouTubeで施設の内部や職員の顔が見えて、親しみや安心感につながるというのは、ほかの方法ではなかなか得られない重要な効果です。

ほかにも、ケアマネジャーや地域の病院のソーシャルワーカーが、施設の情報収集のためにYouTubeを見る場合があります。情報のサマリーだけのやりとりだと、施設長の名前だけしか分からず、会っても名刺交換をして言葉を少し交わす程度で人間性はあまり分かりません。しかし、動画で登場しているとその人となりや考え、現場での職員とのやりとりの雰囲気などがうかがえて、親近感が湧きます。もちろん、施設長が信頼に足る人物であるという前提はありますが、親しみの感情が信頼に発展して、利用者とのつながりを強化できます。

まったく同じレベルの施設があって、一方はYouTubeでは施設内や職員を見せている、もう一方は何も見せていない――その場合、感じる安心感はまったく違います。

また、人に見せるという行為自体が、大きな効果をもたらします。例えば、自宅に人を招くとき、多くの人が部屋をきれいに片付けます。人前に出るときや、大切な人と会うときは、少しでも自分をよく見せようと思うものです。これと同じで、人に見られるという緊張感は、自分自身の振る舞いや施設の雰囲気に良い効果を与えるのです。

ほかにも、利用者のご家族が訪れたときに、職員に「見ましたよ」と声を掛けてくれる方もいて、YouTubeがコミュニケーションの入り口になったり、動画を見てもらうことだけでも私たちに対する応援になっています。

人と人は、何回も接しているうちに関係がつくられていきます。利用者の家族は動画を通じて施設長や職員に接し、何回も会っているのと同じ状態になっていきます。久しぶりに施設を訪れたご家族でも、あちらは動画で最近職員たちを見ているので時間の壁を意識しておらず、一気に距離を縮められるという状況はとても大切です。

ほかの業種だと、インフルエンサーが新規顧客をつかむということがあるように、この業界も職員個人にスポットライトを当てていく必要があるのだと思います。

本当に必要な人材を見極める

人材獲得のためには、施設ブランディングと同時に、どんな人材が欲しいのかを明確にしておく必要があります。

私たちは「より良いケアがしたい」というような、会社の理念や会社が進む方向に共感し、同じ方向に向かっている人に来てほしいと考えました。もちろん働くうえでの条件面も重要ですが、理念と条件のどちらにウエイトを置いているかということを大切にしています。自分の思いや理念がなかったり、会社はどこでもいいからとりあえず働きたい、という人には来てもらわないほうがいいと判断しています。

そういう人材に来てもらうために効果を示すのが、「理念を大切にしている」というブランディングです。ホームページで理念を掲げ、理念を大切にする姿勢を示しているので、この価値観に共感する人は私たちの施設に魅力を感じ、共感しない人は応募しないはずです。施設のイメージを正確に発信することによって、履歴書が送られてくる前の段階で人材をふるい分けることになります。

介護業界で働きたい人のなかには、食べていくために働く、つまり「ライスワーク」に位置づける人も大勢います。その考えが間違っているのではなく、希望にマッチする職場で働くほうがいいという考え方です。方向性が異なる人が採用だけを求めて訪れることがないようにすれば、トラブルや離職を未然に防ぐことにつながります。

欲しい人材としては、誠実さや率直さが感じられて、私たちの施設で働いたらきっと人生が変わるだろうと思える人も該当します。明るさや楽しさという要素も、お年寄りと接する仕事ですから重要かもしれませんが、明るさや楽しさは誰でももっています。家では家族と明るく話せるけど、外では社交的でないという人もいます。そうした人を雇って、その明るさを解放してあげるのも一つの考え方です。いきいきと働いて笑顔が見られるようになると、こちらとしても非常にうれしいものです。

介護の資格や経験は重視していません。むしろ、無資格・未経験で介護の世界を知らなかった人は育てやすく、真っさらな状態から介護のマインドや知識、技術を教えられます。考え方が出来上がってしまっている人を変えるのは大変です。私たちの施設には無資格・未経験の人が多く在籍しています。

採用時にミスマッチを排除する

辞めない人材を集める極意は、ミスマッチを起こさないことです。言葉を換えると、組織と違う考え方の人、そして組織を壊してしまうような人は最初から採用しないことです。介護業界は慢性的な人手不足に苦しめられているため、組織に悪影響を与えてしまうような人でも1度採用したら辞めさせないようにしてしまい、結果的に組織に必要な人が離れてしまうということがあります。

組織を壊すのは、例えば介護の仕事に対して凝り固まった固定観念があり、「前の施設は……」と持ち出す人です。別の施設や個人的な経験でしかないのに、経験の少ないフラットな人に悪影響を与えるなど組織を混乱させてしまいます。

この問題を防ぐには、採用力を強化するしかありません。そうすれば、組織を壊すような人が来ても、迷うことなく不採用にできます。結果的に必要な人材を守ることにつながり、きちんと人が育つ風土ができて組織も成長していきます。

パレートの法則というものがあります。「80：20の法則」とも呼ばれ、全体の成果の80％は上位の20％が生み出しているという経験則です。例としては、「社会全体の8割の富が、2割の高額所得者に集中している」「会社の売上の8割は、2割の優秀な従業員が生み出している」などがあります。また、パレートの法則から派生した「2：6：2の法則」といって、組織のメンバーは2割が意欲的に働き、6割が普通に働き、残り2割はサボっている、というものもあります。この法則からすると、生産に寄与しない2割程度はもともと去っても仕方がない人たちだという考え方もできます。

ですから、採用力さえ強化すれば、離職率をゼロにする必要はありません。むしろ、組織を壊してしまう「人罪」を引き留める努力はせず、辞めてもらったほうがいいと考えています。採用力を高め、採用時のミスマッチを減らすために、ブランディングやマーケティングをするわけです。

求人を丸投げすると失敗する

私はブランディングやマーケティングの重要性を知る前に、求人で失敗しています。施設のセンター長を務めていたときでした。介護スタッフを募集する際に、大手の求人情報誌の営業担当者に、お金は払うからあとは任せるという感じで丸投げしてしまったのです。もちろん、いくらお金をかけて募集しても成果は出ず、応募者は来ませんでした。当然ですが、社長にはかなり叱られました。

依頼先は優秀な求人のプロですから、広告には長けています。ダメだったのは、「どういう人材を求めるか、どの層を狙うか」ということを考えずに、ただ任せてしまったことです。

ただ、多くの介護事業者は同じような募集の仕方をしていると思います。あるいは、何となくの感覚で求人広告を出したり、過去に成功した方法をずっと続けていたりしてもおかしくありません。

私にとっては手痛い失敗でした。少なくとも、丸投げせずに自分たちの考え方を伝えながらトライアンドエラーで改善していく必要がありました。ノウハウは、テストしながら手応えを探って積み重ねていくしかないのです。

給与や勤務時間などの一通りの情報に加えて、求める人材像を打ち出したつもりでも、思いどおりの相手が応募してきてくれるとは限りません。そのときに、偶然はずれを引いたのだと結果を無視するのではなく、反対にすべてだめだったと投げ出すのでもなく、どうすれば望む成果にたどりつけるかを探り続けるしかありません。試行錯誤を続けてこそ、自分たちにとっての「正解」に近づいていくのです。

この過程で、自分たちが相手にしているマーケット（人材市場）の性質も理解できるようになります。つまり、介護職に就きたいと思っている人たちが、給与の高さを求めているのか、働き方を求めているのかといった需要を知ることができるのです。これを知らないと、効果的な求人はできません。

このほか、求人広告を出す媒体について、新聞か、フリーペーパーの求人情報誌か、地元でポスティングされるローカルメディアか、という選択肢で迷うこともあります。それぞれの読者層を知らないと、来てほしい層に求人情報を届けることができません。

求人広告の業者は求人のプロであっても、介護業界や介護労働市場を理解しているわけではありません。プロに任せる部分は任せて、自分たちの求めていることに関して一緒に考えながら求人をするということが非常に大事です。

あのときの失敗は、ありがたい経験でした。失敗したからこそ、介護業界の専門的な知識や法制度だけでなく、マーケットについても自分自身で学ぼうと考えました。人が来ないと嘆いているだけでは、人材不足という問題は解決しません。人任せにせず、学ぶべきところは学ぶ必要があります。

マーケティングを学ぶ

介護業界の経営者は、もっとマーケティングについて知るべきです。マーケティングは「商品やサービスを効率的に売るために行う市場調査や広告宣伝、販売促進などの企業の諸活動」などと説明されます。マーケットの考え方を介護事業者が職員を募集する場合に当てはめると、効率的に職員を採用するためには、自分たちが大切にしていることや強みを、自分たちが求めている人材に届けなければなりません。しかし、介護事業所の経営者や管理者層はマーケティングをよく知らず、言葉は悪いのですが「求人募集詐欺」とでもいったほうがいいようなことをしてしまいます。

人手が不足しているのでとりあえず募集を掛け、ほかの施設が使っている良さそうなキャッチフレーズを拝借して、ちょっと変えてそのまま出すというような安易な行為が目に付きます。

もちろん、ほかの施設のいいところをまねることは間違っていません。しかし、自分たちがどういう人材に来てほしいのかを分析せず、適切な方法で求人募集をしていないから、ミスマッチが起きてしまうのです。こうした情報分析が丁寧にされている事業所は少ないと思います。

〝偽り〟のキャッチフレーズを信じて来てしまった職員にとっては、詐欺に遭ったも同然です。見栄えのいい理念を掲げていても、実際に提供されているケアが一致していないと、就職した人も利用者も不幸になるだけです。理想と現実を一致させようとするからこそ、就職した人は「ここに来て良かった。つらいことがあっても、大変なことがあっても頑張ろう」と仲間と一緒に頑張れます。

介護労働安定センターの調査で、現在の法人に就職した理由は「やりがい」に関するものが上位に来る一方で「法人の方針や理念に共感したから」は下位にありました。やりがいが重視されるならば、事業者の方針や理念への共感も、ともに理由の上位に挙げられるはずです。そうならないのは、事業者側が方針や理念を十分に発信できておらず、漠然と「やりがい」をイメージすることしかできないためだと考えられます。

やりがいを求めて介護事業所で働こうという人はたくさんいます。その人たちに向けて発信する必要があることは、施設が目指す理念です。

施設のトップである私がYouTubeで顔を出し、理念や志を自ら話しているから、求職者が共鳴して「働きたい」と来てくれます。そういう人たちは「自分のやりたいケアはこうなんです」「現在のケアではこういうことで悩んでいます」と話してくれます。

YouTubeでは見た目も大切

発信力の強化には、YouTubeなどのスキルやブランディングだけでは足りません。届けたい相手に受け入れてもらうための工夫や努力も必要です。

私がYouTubeを始めた際に、鴨頭嘉人さんに師事したのは、介護に対する思いをきちんと言語化し、社内外の人に伝えられるようになりたいと考えたためです。また、講師業も務めているので、話し方を学ぶ必要性を感じていました。

最初の半年はベーシックコース、修了後にアドバンスコースに進み、その次の最上級のテクニカルコースも終えました。そこで私は、スピーチの枠組みや話す技術について学びました。

さらに、2021年9月からRIZAPでトレーニングを始めました。「結果にコミットする」のテレビCMで有名なトレーニングジムです。

私はYouTubeを始めた頃、身長が167センチなのに対して体重が99キロもありました。太り過ぎのため体力の低下を感じ、このままでは健康も害してしまうと思いました。「体重を落とさなければ」という危機感がRIZAPを始めた動機です。

加えてもう一つ、理由がありました。「話し方の学校」で、人前でスピーチする際にはスーツをきちんと着こなすことも大事だと教わったのです。そのために体を絞ることにしました。

減量が進むにつれて、周囲の反応が面白いように変化しました。買い物や食事に行くと女性店員の対応が以前よりものすごく優しくなり、男性店員の対応も明らかに変わりました。整形したわけではないのに、体形や服装が変わると第一印象や「オーラ」が違ってくるようです。それが面白くて、どうせなら自社の介護施設の広告塔になってやろうと、RIZAPの全国大会出場を目指しました。

トレーニングの結果、3カ月後に20キロの減量を達成し、9カ月後に35キロ減の64キロまで落としました。YouTubeで昔と現在の姿を比べると一目瞭然です。

最初の目標にしていた「ボディメイクグランプリ2022」のエリア大会で優勝し、グランプリファイナルでチェンジ部門の2位を獲得しました。1位を逃したことは悔しいのですが、講評で「自信に溢れたスピーチもすばらしかった。終始笑顔でステージに立ち、今が最高に楽しいという感情がものすごく伝わってきた」という言葉をもらえたのは、心底うれしかったです。

私がスピーチを学び、RIZAPの経験を経て実感したのは、情報を相手に届けるためには最初の入り口となる見た目が重要だということです。いくらすばらしい情報であっても、見た目や話し方のせいで印象が悪いと、信頼が得られずに損をしてしまいます。以前の私はたくさんのものを取りこぼしていたのだと、今になって思います。

同様の例はいくつも挙げられます。新しいレストランに入る場合、味の善し悪しは食べてみるまで分かりませんから、店構えの雰囲気などの見た目で判断するのはよくあることです。雑誌や本を買う場合、すべての内容は分からないので、パラパラとページをめくって得た情報や表紙で選びます。見た目の印象が良くないと、レストランに入ってもらえないし、本を手に取ってもらえません。介護施設も、見た目が清潔か、管理が行き届いているかなどが、重要な要素になります。

見た目が重要というと、カリフォルニア大学ロサンゼルス校の心理学者であるアルバート・メラビアンが1971年に提唱した「メラビアンの法則」が思い出されます。人と人とのコミュニケーションでは、視覚情報は55％、聴覚情報は38％、言語情報は7％の影響があるとする法則です。私たち介護に携わる人間は、対人援助の専門職としてこうしたことを学んでいます。知識で終わらせずに実践、応用すれば、それまで取りこぼしていた部分を拾えるようになります。

業界ブランディングで業界外の人材にアプローチ

施設や個人のブランディングをしていく延長線上には、介護福祉業界のブランディングがあります。私が目指すのは、介護を憧れの仕事の位置に引き上げることです。そのために、介護福祉業界のネガティブなイメージを払拭し、すてきな仕事だと思ってもらうように活動しています。

介護福祉業界には「きつい・汚い・危険」の３Ｋや「給料が安い」などのネガティブなイメージが固まってしまっている今、就職や転職先の選択肢に入りにくいのは当然といえます。そのイメージは、地道に変えていかなければなりません。

介護福祉業界のブランディングについて考えるとき、私にとって忘れ難い成功例が一つあります。大学の企業説明会にブースを出したところ、ある一人の女性が立ち寄ってくれました。人と関わったり、人と話をしたりすることに苦手意識をもっていたようで、介護職は選択肢になかったそうです。この日は、ほかの業種のブースをいくつか回っているなかで、たまたま私たちのブースに来てくれました。

私が介護への思いを熱く語ると介護に関心をもってもらえたようで、「ぜんぜんイメージが違いました」と話してくれました。後日、私たちの施設を見学に訪れた際には、職員がおじいちゃんやおばあちゃんと笑い合う様子を見て「私にもできるかも」と感じてくれたようです。ほかの介護施設についても調べた結果、最終的に私たちの会社に就職してくれました。現在、介護のやりがいを実際に知り、介護福祉士を目指して一生懸命に頑張っています。

私たちの施設には、ここが初めての介護の職場だという職員が多くいます。派遣社員として働き、契約期間が終わったあとに面接を受けて正社員になった職員もいます。この職員は、人と関わる接客業が好きで、カラオケ店などに派遣されて働いていました。介護職は選択肢に含まれていなかったのですが、人材派遣会社がたまたま私たちの施設を提案したのがきっかけで働き始め、介護の仕事に魅力を感じたそうです。

いつもこのような出会いに恵まれるというわけではありませんが、ほかの業界でくすぶっている人は多いと考えるのは、間違っていないはずです。そのなかには、介護の仕事が向いている人が少なからずいます。

介護福祉業界にいると、業界全体が「井の中の蛙」になっていると感じます。一般企業の就職説明会にブースを出すと、私たち以外の介護事業者はめったに参加していません。大学の企業説明会でも介護のブースは見当たりません。社会福祉系の大学以外でも人材が得られそうな大学はたくさんあるのに、アプローチしようとしません。

これはおそらく、介護はつぶれないと信じられていた数十年前の感覚をいまだに引きずっており、求職者のほうからこちらに来ないのならどうしようもないという意識にとらわれているのです。専門学校の卒業生というルートや、ハローワークでの求人という古い方法を続け、新しい方法を開拓していないのかもしれません。工夫せずに、採用できずに苦しい、人が来ないと言っているのが現状です。

それならば、一歩踏み出して、他業種や他産業が実施している求人のやり方を真似したり、どこから人材が流入するのかというルートの分析をしたりする必要があります。そうやって介護人材のマーケットの規模を広げていくのが現実的です。

ホームヘルパーもブランディング次第

訪問介護事業を営む人と、働き手の確保が話題になることがあります。ただ、多くの場合は「ホームヘルパーが来ない」「高齢化して困っている」で話が止まってしまいます。確かに、ホームヘルパーの有効求人倍率は介護関連職種のなかでも飛び抜けて高く、訪問介護の人材不足はより深刻です。しかし、しっかりとブランディングをして外部に発信すれば、問題を打開できる可能性は十分にあります。

ホームヘルパーの人材が不足している原因は、まず若い人たちがやりたがらないことが挙げられます。しかし、ワークライフバランスを考えると、ホームヘルパーは時間が自由に使えるという長所があります。

例えば午前中は利用者の自宅を訪問してケアを行い、午後は自分の時間として自由に過ごすことも可能です。そのような自由な時間や働き方ができる仕事だとアピールすれば、関心を示す若い人は多いと思います。「自由に仕事と趣味を両立している若者がいて、それって格好いい！」という見せ方と発信ができれば、ほかがやっていないだけに非常に価値があります。

国も介護の魅力発信に力を入れている

政府も介護の魅力発信に力を入れています。私のいう「介護福祉業界のブランディング」です。介護の担い手を確保するため介護職員の賃上げを打ち出すとともに、介護の仕事の魅力を多くの人に知ってもらうために予算を投入して「介護のしごと魅力発信等事業」を実施しています。都道府県レベルでも、介護の魅力発信に取り組んでいます。

このように、介護職の魅力向上や魅力発信の大切さは行政レベルで重視されてきています。しっかりアンテナを張り、この流れにいち早く気づいて施設ブランディングに取り組む施設は生き残ります。ブランディングのためには、まず自分たちの強みはどこにあるのか、またはどこに強みをもたせるかを考える必要があります。そして、その強みを活かしたブランディングを行い、ほかとの差別化を図る。これが生き残るヒントです。そうした流れに乗らない施設は、間違いなく淘汰されていきます。こうして、勝ち組と負け組に二極化していっているのです。

社会福祉法人やNPO法人が税制優遇にあぐらをかいていた時代の古い考え方のままだと、敗者になる未来が待っているだけです。成長している組織は、危機感を抱いてチャレンジしています。

ただ、国が行う魅力発信は少し弱く、パンチが効いていません。「全国的なイベント、テレビ、新聞、SNSを活かした取り組み」などを通じて情報発信をする事業なのですが、2022年度の実施団体は朝日新聞社と産業経済新聞社、テレビ朝日映像の3社のみです。新聞やテレビといった媒体が、現代の若い人たちにうまく受け入れてもらえるような魅力発信がどこまでできるのか、疑問に思います。国や都道府県、そして市町村レベルでも介護という仕事の魅力を上げていこうとしているからこそ、民間はさらにパンチが効いていて、とがったやり方で攻めなければなりません。

介護という仕事の魅力を知ってもらうには、国や行政が主体として動くことも大事ですが、それよりも大切なのは現場の私たちが当事者のリアルな声を発信することです。いくら行政が努力をしても、現場も協力しなければ魅力は伝わりません。

日本介護福祉魅力研究協会の立ち上げ

私たちは、2022年4月5日に一般社団法人「日本介護福祉魅力研究協会」を立ち上げました。介護のネガティブなイメージを跳ね返し、介護の魅力を全国に発信するためにさまざまな活動をする協会です。メンバーは私や施設長のほか、人材育成のコーチングをしている認知症介護指導者や、映画作りにも携わっている障害福祉の社会福祉法人の副施設長という人材にも加わってもらっています。

最初の大きな活動として、介護の日である同年11月11日に「第1回ベスト介護JAPAN」というイベントを実施しました。

イベントでは、介護に携わる人たちがプレゼンターとして介護のエピソードを語り、最終的に「日本一のベスト介護スピーカー」を決めてスポットライトを当てました。狙いは、介護福祉のポジティブな情報を発信することです。

介護福祉の現場には、仕事にやりがいや魅力を感じているけれど情報発信が得意ではなく、うまく言語化して伝えることができないという人がたくさんいます。介護福祉の魅力を伝えるにはもってこいのすばらしい素材が眠っているわけです。このイベントには介護福祉の魅力を世の中に発信するとともに、自分たちの仕事のやりがいや価値を再発見してもらう狙いもあります。

介護福祉の現場には、心動かされる瞬間がたくさんあります。例えば、利用者のおばあちゃんが亡くなる直前、ご家族と一緒に過ごして「私の人生ってすてきだったな」「あんたたちがいてくれてよかったよ」と言って旅立った場合、そばにいた職員が自分の心の動きも含めてスピーチしてくれたら聞く人の心を打つに違いありません。

介護福祉の仕事は、ただお年寄りの世話をするだけではありません。人生の大先輩が経験した劇的な生涯やじんわりと温かいドラマに触れることでもあり、人と人とのつながりを考えさせられる瞬間がたくさんあります。そういったエピソードを世の中に伝えることが、業界のブランディングにつながるのです。

魅力を人に伝えるには、単に思いを語ればいいわけではありません。きちんと現場での体験を言葉にし、それがどうやりがいにつながっているのかをストーリーにすることが大切です。必要なのは、介護福祉の現場のやりがいや魅力を研究し、原稿の書き方やスピーチの技術を教えられる場をつくることです。私が「話し方の学校」で学んだように、私も伝え教える側になりたいと思います。

ベスト介護JAPANは、これらの集大成の場としての位置づけです。イベントに出場するまでの学びを通して、きちんと情報発信できるスピーカーがたくさん育てば、それだけ介護福祉の魅力を広く知ってもらえることになります。

私はこれからも、介護福祉の業界をブランディングしていく予定です。イベントのキャッチコピーは「『介護の仕事ってステキ』を日本の常識に!!」で、小学生や中学生が将来なりたい職業を書くときに、選択肢の一つに介護福祉士が入るようにすることが目標です。世のため人のために働きたい、どんな仕事がすてきかなと考えたときに、介護福祉士が頭に浮かぶようにする——そうなるといいなという夢をもっています。

手応えは感じています。イベント開催に先立ち、クラウドファンディングで支援を募ったところ、2日目で最初の目標金額の100万円に達しました。最終的に次の目標金額の200万円にも到達し、イベントの内容を充実させることができました。

介護に対するネガティブなイメージは、世界のどの国も経験したことのない超高齢社会を目の前にした不安の裏返しともいえます。私たち介護福祉に関わる人間は、ネガティブなイメージを嘆いて不満を口にするだけでなく、ポジティブな明るい側面を積極的に発信するほうが建設的です。そして、介護の現場で働く人間にしか、この取り組みはできません。

今回のイベントは「第1回」としました。介護にポジティブなイメージを定着させるために、2回、3回と続けていきます。毎年、介護の日にはベスト介護ＪＡＰＡＮがあるんだと浸透させていくために、必ず継続します。

さらに、「関東甲信越大会」というようにブロックごとに大会を開き、全国大会でグランプリを決める方式にして、日本全国の介護福祉の人を巻き込む――これが私の未来の目標です。

［第４章］

内部に向けた発信で組織のパフォーマンス向上を促す！施設マネジメントの強化で離職率は劇的に改善する

内部に向けた発信とは

発信力を強化するには、発信する内容の質を高め、相手に届く方法（メディア）を適切に選ぶ必要があります。さらに、関心をもってほしい相手に受け入れてもらえるような工夫もすれば効果的です。私の場合は、理念を基準とした活動で施設の質を高め、介護福祉業界の外にも届くようにYouTubeを活用し、関心をもってもらえるようにさまざまな施設ブランディングや話し方の習得などの工夫をしてきました。

この考え方は、組織内部に向けた発信力を強化する場合にも有効です。組織の仕組みを整えて魅力を増し、マネジメントと教育によって情報やノウハウを適切に伝えればいいことになります。

では、内部に向けて発信力を強化するとどのような効果があるのかというと、ずばり組織のパフォーマンス向上です。

私は、多くの失敗を通じてマネジメントなどを学びました。業界内では学びきれず、数百万円を自分に投資してビジネス実践塾や起業塾といった外部のセミナーに教えを求めました。そこで初めて、自分が井の中の蛙だったことに気づいたのです。

それまでは「人材育成もボトムアップが大事」というように聞き心地いい小さな枠組みのなかでしか見られていませんでしたが、外で学ぶことによって視野が広がり、重要なことを学べました。さらに、これらの学びを通じて、自分自身が失敗した理由を理解することもできました。マネジメントにとどまらず、あらゆる分野について介護の世界の外で学ぶことは非常に有意義です。

個人ブランディングでロールモデルを示す

個人ブランディングは、外部だけでなく、内部に向けた発信でも効果があります。ロールモデルとしての個人ブランディングです。

介護労働安定センターの調査で、介護の職場を辞めた理由に「自分の将来の見込みが立たなかったため」がありました。私がこれまで出会ったケースでは、トラックの運転手に転職した若い男性がいます。介護の仕事は、勤めはじめは給料がそれほど良くありませんか。しかも、ある程度は安定していても爆発的に上がるわけではありません。そういう面があるため、トラックの運転手などガテン系の仕事のほうが稼げるイメージがあったのだと思います。若くして結婚し、子どもが生まれるとなると、高い給料が得られる仕事に目が移ることは普通です。しかし、介護の業界でも、成功している人、キャリアアップできている人は間違いなくいます。きちんと資格を取り、経験や努力を積み重ねれば、キャリアは上がっていくものだからです。将来の見込みが立たないと言って辞める人は、その職場で自分の将来の姿が想像できるようなロールモデルに出会っていなかったのではないかと思います。

早く収入を増やしたいのであれば、介護の仕事を続けながら副業をする考え方もあります。コンビニや別の介護施設の夜勤のバイトを勧めているのではありません。介護関係の資格を取って講師をするとか、地域に情報発信するとか、職能団体に所属して活動するとか、自治体の委員会の委員を務めることなどが挙げられます。

例えば、職能団体の介護福祉士会や都道府県市町村には、これからの介護のあり方や、認知症の施策などを検討する委員会が設置されています。もちろん、誰でも委員になれるわけではありません。きちんと資格を取り、それなりの職能団体での活動実績の積み重ねが大切です。

今の社会では、専門職として収入を得る方法はいろいろと考えられます。しかし、このような発想は介護の世界にあまり広まっていません。

私のキャリアで説明すると、最初は無資格・未経験で介護職員となりました。その後、ホームヘルパー2級（現・介護職員初任者研修）の資格を取り、手当てがつくようになりました。さらに、3年間の実務経験を積んで介護福祉士の資格を取得し、そのタイミングでリーダーという役職に就きました。また、同じときに職能団体の介護福祉士会にも入り、そこで学んでいると、国家試験の実技対策でメイン講師のデモンストレーションの相手役を依頼され、報酬を得られるようにもなりました。知識や経験も身につき、一石二鳥だったと感じています。

職能団体での活動を積み重ね、仕事でのキャリアも積んだ結果、私はあるとき新設の法人の管理者になってほしいと依頼されました。認知症対応型のデイサービスの管理者です。さらに、デイサービスや住宅が入る複合施設の施設長に就任しました。その後、その経験を踏まえて独立し、現在は経営者の立場です。

このようにステップアップする間に、「介護福祉士」「介護支援専門員」「認知症介護指導者」「認知症ケア上級専門士」の資格を取得しています。委員などに就任した団体としては「日本介護福祉士会」「群馬県介護福祉士会」「日本認知症ケア学会」「群馬県認知症ケア専門士会」「全国介護事業連盟群馬県支部」「群馬県認知症施策推進会議」「群馬県高齢介護施策推進協議会」「前橋市介護認定審査会」などが挙げられます。

収入は毎年上がり、今では年収1000万円を超えています。講義でこの話をすると、「介護福祉士って年収1000万円を超えるの⁉」と驚かれます。他産業と比べるとそれほど高収入ではないかもしれませんが、世間の人の介護職に対するイメージからすると驚いてしまう額のようで、これも積み重ねて得ている収入です。

施設長の「ともちん」も、私たちの施設で働き始めてから毎年、報酬が上がっています。資格取得による加算や、キャリアパスに応じて段階別で評価をした結果です。看護師としていくつかの職場で勤務した経験がありますが、年収は今がいちばん高いそうです。

収入面に焦点を当てて説明しましたが、内部の職員にとって私や施設長は「将来の自分」を想像するためのロールモデルとなり、モチベーションの一つとして機能するはずです。

私や施設長だけでなく、職員の個人ブランディングをすることによって、同僚や後輩にあんなスタッフになりたい、というロールモデルを示すことになります。目標ができれば、働くモチベーションも上がり、自分自身のブランディングをするきっかけにもなります。

キャリアアップをモチベーションに

私たちの施設では、職員のモチベーションを上げるためにさまざまな手当てを導入しています。何か資格を取得すれば、それに応じた手当てをつけます。専門職としてより良いケアを目指すならば資格取得やスキルアップの努力はもちろん必要なのですが、その一方で施設の質の向上にもつながります。手当ては毎月の給与明細で目に見える形で示されるので、職員に対して「資格取得は施設にとって良いことだ」というメッセージを発信していることになります。

このほかにも、さまざまな補助金の申請をすれば、その5％が本人に入るという仕組みもあります。補助金の申請は結構面倒で、外部に委託するとかなりの費用が掛かります。それを内部でできれば、施設が利益を得られ、そのうちの5％が本人に入ればウィンウィンです。制度について知るきっかけにもなり、施設の経営を自分事として考えることにもつながります。

また、職員のなり手や利用者を紹介すれば、一定の報酬が得られるという仕組みも採用しています。施設の経営上、利用者の空きがあるのは良くない状態であり、稼働率を上げれば施設の収入が増えます。それを全職員に強く意識してもらうため、利用者を獲得した人が成果を得られるようにしました。同じような制度を導入している事業所は少ないと思います。

結果的にこの職員の紹介制度は、求人広告費を掛けるよりも安く済ませることができます。いずれも、施設の経営にプラスのことをしたら目に見える形で評価するという考え方です。実際に、この制度で入社した職員が何人かいます。

こうした手当や報酬は、施設にとってのプラス要素を見える化し、職員に進む方向を示すことになるのです。

トップダウンとボトムアップはどちらが良いか

マネジメントは「組織運営」などと訳されます。発信力とは関係ないと感じるかもしれませんが、マネジメントを成功させるには、リーダーの考え方や目標をメンバーに理解、徹底させる発信力が必要です。いかに正しい考え方で適切な目標だったとしても、趣旨が十分に伝わらなければ、組織として統制が取れなくなります。

私は介護の現場でリーダーを務めていたとき、自分の考えを仲間に押しつけてケアに関わり、その結果、仲間が次々と退職するという事態に陥りました。マネジメントの失敗です。

私たちの介護の仕事の結果や成果は、利用者が入浴や食事をしたときの喜びや笑顔、あるいは苦痛なく過ごせる生活という形で現れます。私はリーダーとして、その結果に対するアプローチの仕方を間違えていたということです。結果を出すため、本来ならば部下が抱える「どうしてケアがうまくいかないのだろう」といった悩みに一緒に向き合う必要があったのに、当時の私は部下の思いに関心を向けず、自分の知識や技術、リーダーとしての権威性で関わろうとしたのです。この失敗から、部下との関係性をどのように構築するのがいいのかということを考えました。

私は独立に際して、人材育成について学ぶ過程で「ボトムアップの組織」や「主体的なスタッフを育てること」が大事であると当たり前のように思っていました。こうした考えがはやっていたし、聞き心地が良くて受け入れやすかった覚えがあります。独立前に勤めた人だったときは、こうした考えでスタッフに寄り添うようにしていました。そのため、自分が独立するときも、ボトムアップでチームの仲間とみんなで組織を築き上げようと考えたのです。

しかし、それが失敗でした。例えば、職員を集めて「どのようなケアをしたいか考えよう」というワークショップのようなことを行いました。しかし、組織はまとまらずにバラバラになってしまったのです。職員それぞれが自由奔放に動き、組織が崩壊してしまったということを実感しました。

あとから考えると、職員の自主性に任せられるのは各自が成熟していくからこそなのです。組織を立ち上げ、スタートダッシュをするときは、トップダウンできっちりと決まり事をつくり、ルールがないと動くことができません。立ち上げ時のメンバーは、それぞれの思いを胸に集まってくれたのですが、結局はその思いや力を発揮できなくて職場を去って行ってしまいました。

結局、立ち上げの1年間で約30人が入れ替わりました。辞める理由のいちばんは、やはり人間関係です。ルールがなく、ケアの方向性がビシッと決まっていなかったので、職員みんなでどうするかを話し合うしかありません。

すると、職員同士でけんかが始まります。成熟していない職員たちが「私のケアが正しい」「いや、そうじゃない」とか「その仕事は遅番がやるのがいい」「いや、夜勤がやるべきだ」などとバラバラな意見を交わしました。人間関係は崩壊しており、厨房で水を掛け合うなんてことも起きます。急に電話が来て、「夜勤者とけんかをしたので、今日は行きません。このまま辞めます」ということもありました。私とトラブルになった職員は1人もいなくて、現場の人間関係の相談がいつも私のところに来るという状況でした。

この失敗は、私が組織のつくり方を知らず、主体的とか関わりといった緩やかな人材育成をしていこうとしたのが原因です。私自身、組織の状態を把握できず、職員一人ひとりの情報分析もできていませんでした。

重要なのは、トップダウンで枠組みをつくることでした。振り返れば、独立前に属していた組織は枠組みができていたのです。組織がトップダウンを必要とする時期を過ぎ、次のステージに行っていたからこそ、ボトムアップが大事だと思えたのです。最初はトップダウンで原理原則を決め、その枠組みのなかでより良い結果や生産性の向上、主体的な人材育成をするためにボトムアップの手法を活用する。トップダウンとボトムアップの性質を理解し、ケース・バイ・ケースで使い分けなければならなかったのです。ボトムアップがいいという聞き心地のいい言葉に振り回されて勘違いしてしまうと、組織は立ち行かなくなります。

私は、「理想の介護施設をつくりたい」「介護福祉の仕事を通じて多くの人を幸せにしたい」という強い思いを胸に抱き、会社を設立しました。昨今よく聞くパーパス経営（社会に対する企業の存在意義を軸にした経営）を目指しています。理念経営や志経営、心の経営とも呼ばれます。

だからこそ、トップダウンで理念を組織に浸透させることが必要です。トップは、成し遂げたいと考える理念と目的をチームのメンバーに伝え、メンバーがそれぞれの役割を果たす——という流れです。

トップダウンに変えたところ、目に見えて理念が浸透するようになりました。ボトムアップで組織が壊れるのは、メンバーがてんでバラバラの方向に向かうときです。トップは「富士山に行きたい」と思っているのに、ある人は「ディズニーランドに行く」、別の人は「富士急ハイランドに行く」とバラバラな行動をしている状態です。目的地はトップが決め、組織内部に対してしっかりと発信をして納得させなければなりません。

そこから先のマネジメントはボトムアップ型の出番です。富士山に登るのなら、「富士山に行くまでどんなルートをたどったらいいのか」「防寒着が必要だ」など具体的なことはメンバーが主体的に考えて、トップが意思決定をするのです。つまり、トップがトップダウンで理念を示し、そのための方法を現場がボトムアップで考えトップが決めるということなのです。

介護施設でのマネジメント

介護福祉業界は今、極度の人手不足にあるため、働く意欲のある高齢者や外国人労働者など裾野を広くして人材を取り入れようとしています。このため、介護施設の管理者やリーダークラスを務めるマネジメント能力をもった人材が必要なのですが、業界として育てられていないのが現状です。

どんな世界でも同じでしょうが、プレーヤーとマネジャーとでは求められる能力がまったく異なります。すばらしい身体能力を備えた野球選手が、優秀な監督やコーチになれるわけではないのと同じです。会社でも、優秀な営業マンが必ずしも管理職として有能であるとは限りません。介護の現場でも、良質なケアを提供する介護職員が能力を評価されてリーダーに就任したからといって、そのままではうまく部下をまとめられるわけではないのです。

介護において、マネジメントは非常に重要です。しかし多くの介護の現場ではマネジメントが教えられてはいません。学べるとしても、きちんと体系立てて原理原則が学べるという場が少なく、聞き心地がいい内容に偏っています。私が失敗したボトムアップは、その際たるものです。これは介護業界の解決する必要がある課題です。

また、介護職の中間層やリーダー層、スキルの高い介護福祉士たちが現場で培ってきた介護の知識や技術、マネジメント、リーダーシップといったものを大事にしなければならないと感じています。

ナンバー2の育成が重要

組織のマネジメントのためには、ナンバー2の育成が重要です。施設の管理者やリーダー層は、トップよりもナンバー2の位置にいることが多いからです。チームのリーダーになっても、その上の立場の人は必ずいます。施設長を務めていても上司はいます。いちばん上の立場になることはなかなかありません。

マネジメントが行き届いていないと、職員は疲弊し、苦しんでしまいます。そのような組織には魅力がなく、人は離れていってしまいます。すると、必要な人員を配置できなくなり、利用者の受け入れもできなくなります。組織がいくらコストをかけて求人募集をしても根本的な解決にはならず、コストが無駄になるだけです。

私は介護の現場でプレーヤーとして働いてきたため、認知症領域では群馬県内である程度の知名度がありました。今はプレーヤーから転じて経営者の立場にいます。それなのに、現場時代の知り合いが、私たちの施設の職員に「髙橋さんは何て言っているの？」などと尋ねることがよくあるようです。プレーヤーとしての意見を求めているわけですが「トップが現場に出て、理想的な介護をしている」ことがすばらしいという価値観がまかり通っていることを示しています。

介護の現場では、トップが現場の仕事をすることを評価する風潮があります。しかし一般の企業では、トップが現場を見たり情報を聞いたりすることはあっても、現場の仕事をすることはなかなかありません。社長が現場に入って、いちプレーヤーとして働くことがすばらしいと思うことは、トップと現場の仕事の中身が整理されていない未熟な業界ということなのです。

人間関係はケアの質とリンクする

管理職やリーダーが取り組まなければいけないのは、人間関係の問題です。離職理由で最も多いのが「職場の人間関係」ですが、人間関係の問題を解決するのは、何も離職率を下げることだけが目的ではありません。人間関係を良好にして働きやすい職場をつくることは、より良いケアを提供するための一つの鍵です。

大切なのは、介護の仕事はそもそも対人援助だということです。人を援助したり、人の心や痛みを理解する専門職だからこそ、そのスキルを職場の人間関係にも適用してもらう必要があります。管理職やリーダーがその重要性を部下たちに伝えれば、チームとしてのコミュニケーションの質も確実に上がります。

職場の人間関係とケアの質は互いにリンクしています。人間関係が良好な施設や事業所は、ケアの質、利用者との関係性、家族との関係性、地域との関係性もやっぱり良好です。このような側面があるため、人間関係は非常に重要なキーワードです。

上司と部下の板挟みを解決するために

「上司と部下の間で板挟みになっている」といった悩みをもつリーダー職から相談を受けることがあります。こういった場合には「部下の話は聞いても、従ってあげる必要はない」と答えています。話を聞いて、動いてあげようと考えるから苦しいのだと思います。

部下の話は聞く必要があります。しかし、部下の話を聞いて行動してあげようとするから板挟みになるのです。組織では、指揮命令系統に従っていればいいので、板挟みになる必要はまったくありません。部下の悩みに耳を傾け、思いに寄り添うことは非常に大事ですが「部下の話に向き合うこと」と「話を聞いて行動すること」を混同すると、板挟みが生じてしまいます。この違いを整理することが重要です。

もちろん、部下からの話が、解決する必要がある課題だった場合には当てはまりません。板挟みになる必要もなく、自分の上司に対してボトムアップで現状を報告し、解決に必要な権限を獲得したり環境を変えたりといった調整をしなくてはなりません。

部下の主張が正しいならば、自分の判断で改善のために動く必要があります。部下の主張が単に権利の主張であって「給料を上げてほしい」という類いのことならば、行動を起こす必要はないわけです。

まず優先すべきは、組織が目指す方向や理念です。その理念に向かうために必要なことがあるのだと、仕事の意味や意義を組織のメンバーが理解すれば、板挟みは生じません。上司は、その意味や意義を説明する責任を負っています。上司と部下の板挟みを解決するカギは、実はそういったシンプルな話なのです。

介護保険制度を理解させて、不要な不満をなくす

職員の思いと職場の理念や運営方針とのミスマッチが離職につながることがあります。ただ、このミスマッチのなかには、介護保険制度でやれることとやれないことがあるということを、職員が理解していないがゆえに生じたものもあります。この場合は、ミスマッチを解消できます。

特養や有料老人ホーム、デイサービスなどは、それぞれ介護保険制度で求められている役割が違います。運営している組織が求めているものは何か、ということを職員に伝える

努力をしないと、そのままでは理解もせずに自分のやりたいことだけにフォーカスして考えてしまうのだと思います。管理者や施設長がする必要があることは、きちんと伝えて、理解してもらうことです。

介護施設では、なんでもできるわけではありません。車の免許を取ったからといって首都高速道路でレースができるわけではありません。レースをしてはダメだときちんと伝えないと、不満が募ったり事故が起こりかねないのです。

現場の職員の無理解は、職員に責任があるというよりも、管理職などリーダーが理念に基づいたケアや組織のあり方、人材育成をきちんとできていないという現状が原因だと感じています。人手不足が深刻なため、人材育成に時間を割けないという事情はあるのかもしれませんが、これを放置すると悪循環のスパイラルに陥ってしまいます。

デキる介護リーダーの共通点とは

介護リーダーが優秀ならば施設の職員は勤務に専念でき、介護の質は上がります。では「デキる介護リーダー」の共通点は何かと考えたとき、相手の立場に立つこと、思考すること、だと私は考えます。さらに、失敗を恐れないこと、成長していくこと、学び続けていくことなど挙げればきりがありません。

相手の立場に立つことと似ていますが、「自分がされて嫌なことはしない」という考え方は果たして正しいのでしょうか。これは介護の現場でもよく出会う考え方ですが、私は少し危ないと感じます。

相手の立場に立っているようで、実は軸足は自分にあります。自分がされたら嫌だから、相手もされたら嫌だろうという自分軸です。自分と相手の価値観の違いを理解するポイントは、あくまでも相手の立場に立つことです。相手はきっとこういう性格で、こういう価値観をしているから、こういうことをされたら嫌だろうな、という仮説を立てることですがこれが簡単そうで難しい――私自身の課題でもあります。相手の立場に立つことが、多様な価値観を大切にし、人間関係を良好にする重要なエッセンスなのだと思います。

次に、思考することについて考えます。思考することを停止し、作業になってしまうと、生産性はストップします。まず行動する、実践することが大切です。リーダーとして「そんなの失敗してもいいじゃん」という姿勢で失敗を受け入れ、否定はしないことです。

言っていることに対して実行する姿勢を見せているか、ということも重要です。実行する姿勢をリーダーが見せていれば、失敗しても部下は「チャレンジしているんだな」と感じます。

介護の現場は1＋1＝2になる世界ではなく、状態や状況が変わっていく人間を相手にしています。オーダーメードで、変化する状況に応じてチャレンジしていかなければなりません。失敗を恐れ、失敗すると終わりだという職場の雰囲気にしてしまうと、利用者のケアはできなくなってしまいます。失敗を恐れずにチャレンジし、失敗は挑戦したから得られる価値だという共通の価値観のなかで仕事をしていくのが良い職場です。そういう姿勢やマインドがリーダーにないと、職場の風土や空気が悪い方向に行ってしまいます。

理念と現実のギャップを考えるワークシートで人材育成

人材育成のため、私たちの施設では考え方やマインド、あり方、姿勢といったものの教育を徹底しています。

［図表13］優しさのマトリクス図

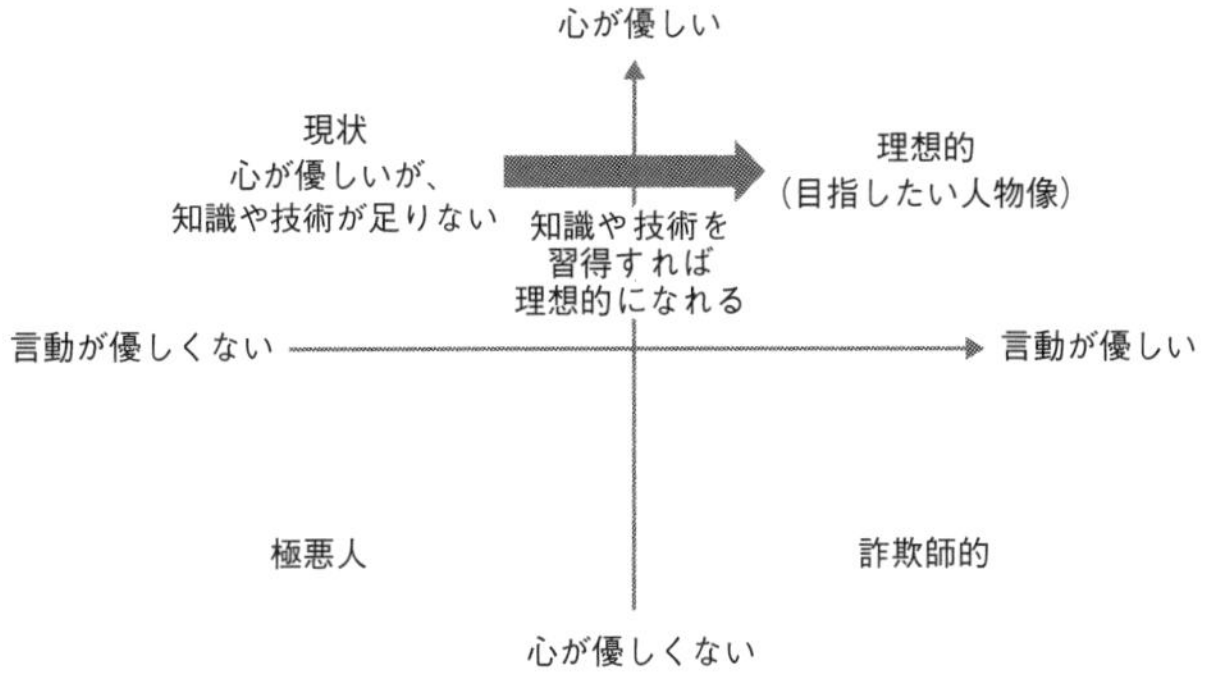

鴨頭嘉人氏からの学びをもとに著者作成

どのようにするかというと、理念を分解して具体的なアクションプランに落とし込む作業を、ワークシートを用いて実施しています。施設が掲げる理念を「きれいごとレベル」と呼び、そのきれいごとと、現状、起きているありのままの事実を書き出します。そのうえで、きれいごとである理念と現状との間にあるのがギャップです。意識しないと、ギャップに気づけない人がほとんどなのですが、書き出して見える化するよう促すと、危機意識が芽生え、問題意識としてとらえることができるようになります。

このギャップを考える際に重要なのが、「他人事レベル」から「自分事レベル」としてとらえる視点の転換です。当事者だと気づきにくいのですが、意識して視点を他人事から自分事としてとらえることによって、環境のせい、上司のせい、部下のせいなど、問題を誰かのせいにする「せい病」、つまり他人事レベルから、この問題に対して、私に何ができるのかと解決すべき課題へ目が向けられるようになります。その次に、今度は課題解決へ向けて自分自身が実行できる具体的なアクションプランを立てていきます。常に理念に立ち戻って現実とのギャップを確認し、危機意識を高め、当事者意識へ視点を転換し、課題解決に向かおうと心掛けています。

さらに、自分のなりたい姿と、自分の具体的なアクションプランと、会社の求める理念が一致しているかをワークシートに落とし込む作業をします。このときに大事にしているのが、会社の理念やパーパス——ここからぶれていないということを常に意識しながら育てていきます。これを施設長やリーダーがまず理解し、従業員にも浸透させていきます。やはり、理解度や習熟度はリーダーなどトップに近い人のほうが上です。見方を変えると、理念に近い人たちが上にいる組織づくりをしていることになります。

また、個人の目標と具体的なアクションプランを、人事評価の仕組みと一致させています。面談は春、夏、冬の年3回実施していて、このときに合わせてキャリアパスを見ながら自分の目標設定や進捗を確認し、職場の仲間同士で目標の進捗を共有しています。

アクションプランは、個人目標のほかに、月間や年間の目標も定めます。達成度は数値化して評価し、次の目標設定に反映させます。例えば「仲間のいいところを5つ以上、毎月見つける」というような具体的な目標です。

これも実は、全部関連しています。例えば、野球チームの理念を「最強のチームにしよう」だとします。これだと抽象的で遠い目標なので、年間目標は具体性をもたせて「甲子園出場」とします。さらに目標を小刻みにした「1回戦を勝ち上がる」「2回戦を勝ち上がる」というのが月間目標のイメージです。すると、チームの目標を達成するために、個人が何をしたらいいかそれぞれが目標を定めて「毎週月曜日にウエイトトレーニングをする」だとか「毎日ノック練習をする」という数値目標を定めることになります。個々の能力を高めることでチームの力も増し、目標へ近づいていくという試みです。

組織の場合も、理念を掲げ、それに近づくために年間目標を立て、年間目標を達成するために月間目標を設定するのです。個人も、組織の目標に関連付けてなりたい自分を設定し、年間目標や月間目標を定めて理想に近づいていく。こうしたやり方を、私たちの施設の現場では実行しています。

介護施設のメンバーは、デイサービスの日中のケアをする職員や、厨房の職員、夜勤の職員、掃除担当の職員などいろいろなポジションのメンバーで構成されています。利用者の生活を支える仕事は24時間365日休みがありません。メンバー全員で利用者の生活を支えています。1人のスーパー介護福祉士がいればいいのではなく、チームで支える必要があります。

「きれいごと」はネガティブな文脈で使うことが多い言葉ですが、私はあえて理念を「きれいごと」と表現しています。この言葉を使うようになったのは、私が理念を語っていると「それ、きれいごとだよね」と言われることが多かったのがきっかけです。

「きれいごとを実現するためにきれいごとを語っているんだ。なぜ、きれいごとと言われるのだろう」と考えたとき、きれいごとに向かって具体的なアクションプランを立てられていないから、きれいごとで終わっているのだと考えたのです。だから、きれいごとを現実に落とし込むためのフレームワークを作って実践しています。これは100%うまくいっているわけではなく、課題ばかりが浮き彫りになって奮闘しています。諦めずにチャレンジを続け、きれいごとに向かっていくことが大事です。

「優しい人」が多い介護福祉業界

介護職は、介護が必要な利用者と接する対人援助の専門職です。専門職として、十分なスキルも学んでいます。しかし、離職理由の第1位は「職場の人間関係に問題があったため」で、対人援助の専門職なのに、組織内ではうまく人間関係を構築できないことがあります。

この改善は難しくないと私は考えています。介護の現場は、優しい人がとても多いと実感しています。これはある意味当たり前で、優しい人でないと、「人のお世話をしたい」とか「人のために」とは考えません。しかし、本当は優しい人なのに、時として言葉や行動が優しくないこともあります。分かりやすくマトリクス図を描いて考えてみます。

「優しさ」は内面の「心の優しさ」と、外から見える「言動の優しさ」に分けられます。いわゆる「優しい人」は、右上に位置する「心も言動も優しい人」です。

内面の優しさは目には見えず、その人の言葉や行動の優しさから判断するしかありません。そのため、言葉や行動は優しいけれど、心は優しくないという人もいます。マトリクス図の右下に位置する人です。心は優しくないのに人に優しくするスキルをもっていて、平気で人をだませる詐欺師的な人です。最悪なのが、心も言動も優しくない「極悪人」で、心が優しくない場合、他人が介入して優しくさせるのは困難です。

ここで注目すべきは、左上の「心は優しいが、言葉や行動に表せない人」です。介護の現場に多いのは、このタイプの人だと思います。心の優しさはもっているけれど、知識や技術が足りずに優しさをうまく表現できない人たちです。あるいは、利用者にサービスを提供する場合にだけ優しさのスキルを発揮し、職場の仲間には使えていない人たちです。

しかし、介護の現場はもともと心の優しい人が多いため、知識や技術を学んで習慣化し、仲間に対しても言動の優しさを発揮すれば、真の「優しい人」になれます。職場だけでなく近所づきあいや家族でもスキルが使えれば、良好な人間関係が築けます。このことを意識して、人に接するための知識や技術を実践すれば幸せな職場ができるのではないかと考えます。

ただ、心の優しい人がなぜ、優しくない言動をとってしまうのか、原因も考える必要があります。一つは、忙しくて心に余裕がない状態のときで、相手の立場に立って考えられないと、心の優しさは「お節介」という形になってしまうことがあります。本人の思いとは裏腹に、相手にとって優しくない言動となります。

人材育成の重要性

オックスフォード大学のマイケル・オズボーン准教授らは、2013年に発表した論文で、702の職業に将来、オートメーションや機械に取って代わられるリスクがあると言及しました。介護の仕事はどうかというと、人対人の仕事のため機械では代替できません。機械はデータ収集や検索、数字の計算は得意ですが、読み解く力は人に求められます。この「読み解く力」を育て、伸ばすために、人材育成が大事です。

医療で例えると、機械でたくさんの検査結果が得られても、最終的には医師がデータを読み解く必要があります。介護も、集められた情報のなかで、例えば認知症の行動や心理、症状はどういったものなのか読み解く力が大事になってきます。入浴、食事、排泄といった一般的な3大介護をするだけでなく、その人の心や体の状況、困りごとを読み解く力です。

育成をするために、介護業界では新人職員（スーパーバイジー）が熟練した指導者（スーパーバイザー）から教育・指導を受けるスーパービジョンという手法があります。外部の研修などで学ぶことも大事ですが「いいこと聞いたな」で終わってしまう可能性もあり、内部の人間関係のなかで人を育てていくのは重要な意味があります。

一昔前は、職人の世界のように先輩の背中を見て真似をするのが一般的で教育は二の次になってしまいがちでした。しかし、サービスの質や生産性を高めるためにも、体系立てた教育の仕組みが大事です。

私たちの施設では、法定研修だけでなく、日々の関わりのなかの雑談や、目標管理をしながら目標に対するアプローチを施設長や主任が行っています。その仕組みをつくり、スーパーバイザーがバイジーに関わる機会をつくっています。

指導者は、本人の目指している目標を共有し、その目標が施設の理念に沿っているのか確認します。個別のスーパービジョンもあれば、スーパーバイジーが複数人に対して行うグループスーパービジョン、同僚同士によるピアスーパービジョンなどさまざまな形で行っています。スムーズに行えるよう、教育に必要な環境づくりにも努めています。

データを読み解く力とは

私たちの施設では、利用者の睡眠状態を把握する装置（眠りスキャン）をベッドのマットレスの下に敷いて利用しています。寝返りや呼吸、心拍などを検出して睡眠状態を測定し、データをパソコンに転送する仕組みです。利用者の熟睡度や、横になっているけれど覚醒しているのか、ベッドで体を起こしているのか、ベッドから出ているのかなどが記録を見れば分かります。

従来は、利用者から「よく眠れていない」と申告があると、そのままの主観的なデータを医師に伝え、医師は睡眠薬を処方するというケースが多かったと思います。しかし、睡眠の状態を客観的なデータで得られていると、実際にその人が眠れていたかどうかが分かるわけです。本人は眠れていないといっていても、データでは8時間眠れていた、ということもあります。こうしたデータを医師に伝えると、医師は「薬をプラセボ（偽薬）」にしようかなと判断できるわけです。日中に活動ができていなくて熟睡感が得られていないとか、睡眠は取れているけれど疲労感が取れていないのではないかなどと可能性を検討できます。プラセボは一見、利用者をだましているように受け取れますが、本人は薬が効いたと思い込んで実際によく眠れるのならば、薬を飲むよりもよほど健康的です。

睡眠薬の処方の際も、眠りに就く時間がデータとして見えているので、飲んですぐに眠りに入れるのか、しばらく経ってから眠りに落ちているのかを相談できます。認知症の利用者が夜間に睡眠できていないとデータから分かった場合、昼間の様子を観察して「ソファでうとうとしているから夜眠れない昼夜逆転になっている」ことが分かったら、昼間の活動につなげていくことができます。「データを読み解く力がないと、睡眠時間や質のデータを得られても医療との連携や活動の場でのケアとのリンクができません。この読み解く力は、現場で教育するしかないのです。

読み解く力は、基本的な知識がベースになるのはもちろんですが、その人を大切にする思いがなければ、その力は育ちません。まず、人はそれぞれ人生の価値基準が違うということを深く理解する必要があります。その違いをひもといていくノウハウを学び、実践していく実践力が大事になってきます。実践というのは、先輩がひもとき、掘り下げていくなかで、「これってなんでだろうね」と問いかけていくことです。人それぞれ違うので、生きてきた時代や育てられた両親との関係性、性別、疾患、薬の作用や副作用など多面的に見なければなりません。

薬の副作用や病気についての知識は、今の大量の情報が流通する社会では調べるのは簡単です。しかし、目の前の1人の人間に当てはめたときにどのように関係するか、例えば認知症の原因となる疾患とどのような関係があるかということは、生活歴や抱える不安、生活のしづらさなどががんじがらめになっています。そのがんじがらめになった状態をひもとく作業、すなわち読解力が必要です。頭にインプットした知識や、思いだけではそこには至りません。経験や思考を掘り下げる日々の訓練が求められます。

シェア会の実施

実践力を育てる場として、私たちの施設では「シェア会」と呼ぶ集まりを開いています。これは、職員がお茶とケーキを楽しみながら、気楽に現場の困りごとを語り合う会です。

例えば、認知症のAさんについて深く知ろうという形で集まり、ホワイトボードに「6人きょうだいの末っ子」「真面目な性格」というようにAさんの人物像を記しながら、話し合います。そして「性格が真面目だということは、その裏側にある心理は不安が強いんだよね」「この人はどういう人なのかな」「それはなんでなのかな」「これってなんだろう」と、クエスチョンを掘り下げていきます。

ファシリテーター役として施設長や私が参加することもあり、「今の意見はこうだよね」「その発言は大事だよね」と話を進行させます。また、例えば認知症だと「パーソン・センタード・ケアという理念に結びついたことだよね」「その人らしさを大切にするってそういうことだよね」といったん抽象化して知識と結びつけ、そのあとに現場の実例とつながっていると示したりもします。これは、私たちの施設で独自に行っている学びの場です。

職員が現場で困りごとに遭ったとき、経験の浅い職員は、こういう病気があって、こういう性格があって、こういうことがあるからこういうケアをすればいい、という思考ができきません。認知症の行動心理が理解できず、どう対応していいか困ってしまうのです。

しかし、焦ったり落ち込んだりする必要はありません。例えば、赤ちゃんを産んだばかりのお母さんは最初、泣き声の区別は付かないけれど、経験を積むうちに「今の泣き声はごはんかな」「おむつかな」「暑いのかな」とだんだんと分かるようになり、ストレスも減っていきます。同じように、介護の職員も認知症の利用者に対応するうちに思考が身につき、ケアの質が向上するとともにストレス自体も軽くなるのです。

介護の仕事から離れる人のなかには、肉体的な負担だけでなく、精神的な負担を原因として上げる人がいます。しかし、学んだ知識をどう活かして、適切なケアに結びつけるかを身につけることによって、精神的負担を減らすことができます。

スポーツや音楽と同じように、訓練が大事です。日頃から訓練をしているからこそ、本番で結果が出せます。ベテランから解決策を知識として教わるのではなく、そのケアに至るまでの実践を訓練する場が必要だと考えています。

シェア会の頻度は月に1回程度ですが、課題が持ち上がったり、現場で困りごとが生じたりしたときには臨時で開いています。シェア会や勉強会によく参加する人と、なかなか参加できない人を比べると、よく参加する人は思考を訓練しているため、利用者への関わり方にゆとりが感じられます。やはり、考え方の訓練をしているほうが、関わり方や自分の心のもちようで明確に変わっているというのが客観的に見ていて分かります。

なぜシェア会を始めたのかというと、マネジメントを行うなかで、知識を学んでも実践にはなかなか活かされないことが多いと感じていたからです。私は専門領域の認知症に関して、研修の講師として教える機会が多くあります。そういう場で知識は伝えられるのですが、「実践の場に持ち帰っても理解ができていない」「研修に行っても何も変わらない」という声もありました。

そうしたとき、私が関わっている認知症ケア専門士会の事例検討会に出席しました。メンバーが提供する事例を検討するグループワークで、介護職だけでなく医療職やリハビリ職、認知症当事者の家族などさまざまな人がいたと記憶しています。実際の自分たちのケアとは違う事例について思考が深まり、この視点を保ったまま実践に活かせたことが何回か続きました。すると、利用者の顔つきが変わっていくのが見えたのです。

私たちの施設でも、施設長と「うまくいかないね。どうしたら現場の職員が分かるようになるのかな」と相談していたので、事例検討会のように取り入れてみました。最初は、暴力を振るうおじいちゃんのケアについて考えたのですが、事例検討会を開き、その人と向き合った結果、ケアの方向が変わり、そのおじいちゃんが落ち着くようになったのです。そうした成功体験をもとに、シェア会を続けています。

当たり前のことを教えることこそ必要

ほとんどの介護施設は、研修会や勉強会を開いて職員の教育を実施しています。ただ、虐待防止や介護技術、コミュニケーション技術の研修ばかりになっているのではないかと思います。また、法定研修だからリスク回避や尊厳について学ぶというように、介護保険の報酬を得るためになんとなく研修をしている部分が非常に多いように感じます。実務者研修などの修了証明書が必要なので研修に出るという姿勢も目につきます。こうした姿勢では、経験や思考を掘り下げる訓練にはならず、実践力は身につきません。

そもそも、社会人経験のない新卒には、働くことや稼ぐことなどもっと根本的な世の中の仕組みを教えてあげる必要があります。そうしないと、組織で働くこと、組織で与えられた権限のなかでどこまでを自分の役割として能動的に動けるかということが分かりません。

これらを教えるのはマネジャーやリーダーなど管理職の役目です。しかし、介護業界では、管理職に就いている人自身もほとんど学んだことがなく、何を伝えたらいいか分からないのが実情でしょう。現場のプレーヤーが専門的な知識や技術を認められて管理職になっていくまでに組織論を学ぶ機会がなく、組織の立ち位置や役割、働くことの意味を教えることができません。いいかげん、この連鎖を断ち切る必要があります。ほかの業界の会社では、入社1年目の社員に教えていることですし、いくらでも真似ができます。この教育を行うだけで、組織のまとまりがぜんぜん違います。

実態は、きちんと組織について教育している事業所と、まったくやっていない事業所とに二分されています。だから、介護業界で常識のない人が育ったり、虐待が起きたりするのです。当たり前のことをとても雑に扱って近道ばかりを求めると、そうなってしまいます。専門職としての技術を習得する前に、社会人としての一般常識を地道に身につける必要があります。

私が言う当たり前のことや一般常識は、「笑顔であいさつしよう」とか「出勤したら適切にタイムカードに記録しよう」とか「お金を稼ぐということはどういうことか」というように最低レベルのことです。「普通は分かっている」と思い込んで、即、現場に入れてしまっています。人手が足りず、即戦力が欲しくてそうなっている現実もあると思いますが、だからこそきちんと人材育成しなければなりません。

稼ぐことは悪くない

介護業界で働く人のなかには、お金を稼ぐことや儲けることに対する抵抗感を覚える人がいます。介護保険事業は、社会保障費が収入源となり、営利法人だけでなく、社会福祉法人など税制優遇を受けている法人が多く、公共性が高いため、どうしてもそう考えてしまうのでしょう。もちろん、高齢者や福祉を食い物にしてはいけません。しかし、介護業界に人を呼び込み、健全に成長していくためにも、介護で稼いではいけないという介護業界内部の行き過ぎた思い込みは正すことが重要です。

私たちは介護福祉の専門職です。介護福祉のプロとして専門的なサービスを提供し、その対価としてお金をもらっています。価値ある体験をしてもらったら、それだけの対価を受け取らなければなりません。だからこそ、きちんと稼ぐことが大切です。そうして得られた売上は、「ありがとう」の総量です。だから、お金を稼ぐことは決して悪いことではありません。私たちはもっと、介護福祉の専門職であることを誇りに思ってもよいのです。

施設の看板を背負う職員

職員は施設の看板を背負っていることについても、きちんと職員に伝えなければなりません。ユニフォームやデイサービスの車に会社名が記され、いつどこで誰に見られているか分からないからです。特に個人ブランディングをしてYouTubeで発信するようになると、見られる範囲が全国や全世界に広がるわけですから、職員は自覚が必要です。

こんなことがありました。YouTubeに登場し始めた職員の1人が、少し荒っぽい運転をしたらしく、職員の名前を挙げて地域の人から指摘されました。個人ブランディングをしていなければ、誰が運転をしていたか名指しされることはなかったはずです。この1件で、本人は周りの目を意識するようになり、人間的にも成長しました。こうした効果も、個人ブランディングを始めてから分かったことです。

施設の看板を背負い、施設の内外で見られているという緊張感は大切です。電話対応や接客でも、自分が何者なのか相手に知られていると意識すると、雑な対応はできません。そういう意味で、個人ブランディングは人材育成にもつながっています。

理念はどうやって浸透させるのがよいか

私たちが掲げる理念は「幸・『その人』個人を大切にし、最高の幸せをお届けいたします」「絆・人、地域、社会とのつながりを大切にいたします」「夢・自分自身を磨き続け、夢を叶える会社を目指します」の3つの約束を果たし社会に貢献するということです。この理念を基準にして、いつも「社会に貢献するとはどういうことか」と自分自身でも考え、職員たちにも考えるように促しています。

私は介護福祉の仕事に出会い、人生が豊かになりました。それまでとはまったく異なる人生になったのです。介護福祉の仕事の魅力は、利用者や家族の笑顔や、働く人の笑顔、世の中の人の笑顔や幸せにつながることだと私は考えています。私たちの施設が利用者の夢を叶えたり、地域の絆を育んだり、幸せを守る存在であり続けることが、私の目指す施設の姿です。

そのベースとなってくるのが、どんな人にでも感謝の気持ちを忘れずにいようという志です。私たちは常に志をもっていようと考えています。そのことを伝えていきたい、多くの人に知ってもらいたいと考えています。

こうした理念を内部に伝えるために、私は心理学のさまざまなテクニックを使っています。例えば、マズローの欲求5段階説で説明することもあります。マズローの欲求5段階説とは、米国の心理学者マズローが提唱した説で、人間の欲求は①生理的欲求、②安全の欲求、③社会的欲求（所属・愛情欲求）、④承認欲求、⑤自己実現欲求――の5段階からなり、下から順にニーズが進むという考え方です。介護福祉士の国家試験にもよく出るので、介護の現場に浸透しています。

介護の現場ではまず、障がいや老いによって行いにくくなっている排泄や入浴、食事といった生理的欲求を満たし、さらに、危険がないように車椅子で移動するといった安全の欲求を満たすようにしています。これが一般的に介護の部分だと思われています。しかし、私が伝えているのは、これだけが役割ではないということです。その人が老いていても、認知症でも、車椅子でも、なりたい自分や望む暮らしを目指しているのです。

例えば、認知症になっても孫の結婚式に出たいと思うでしょうし、認知症になって車椅子を使うようになっても、おじいちゃんのお墓参りに行きたいという思いは続くでしょう。そのような望み、自己実現の欲求があるので、そこを目指し、足りないところを補うのが私たちの役割であると伝えています。

また、介護の現場の職員は、利用者に対してマズローの欲求5段階説を当てはめて考えますが、自分たちに当てはめて考えたときに、職員がいきいきと働くことや幸せになるという欲求を満たすことを考えると、自己実現に向かって職員たちは働かなくてはならないので、仕事で目指すところと自分の自己実現を照らし合わせて目標設定をして、その目標に向かって具体的なアクションをする必要があります。

こうしたことを、社内の研修で実施し、目標設定の際にひも付けをしています。

良好な人間関係を築く7原則

私たちにとって、教育は理念を実現するために行います。そのために外で学んだことを取り入れますし、現場の職員たちが納得しやすいように、その人たちが専門職として学んでいる知識を使います。ケアに役立てるだけでなく、組織の人間関係に活かすためにも利用できる知識は利用するようにしています。

例えば、米国の社会福祉学者が唱えた対人援助の原則で「バイスティックの7原則」というものがあります。私たちは介護の現場でこの7原則を身につけていますが、組織内で良好な人間関係を築くためにも役立ちます。

〈バイスティックの7原則〉

① 個別化の原則

② 意図的な感情表現の原則

③　統制された情緒関与の原則
④　受容の原則
⑤　非審判的態度の原則
⑥　自己決定の原則
⑦　秘密保持の原則

①の「個別化の原則」は、一人ひとりが個別の存在だということ。認知症の人や障がいのある人、性別などの属性でまとめるのではなく、Aさん、Bさん、Cさんというように、それぞれが個別の価値観のある人だと理解し、受け入れることが大切です。

②の「意図的な感情表現の原則」は、相手が自由に感情表現してもいいということ。私たちは、上司と部下や、サービスの提供側と利用者側という関係性ができていて、どうしてもバイアスが掛かってしまっています。このため自分の感情を抑えてしまう場面がありますが、相手が泣きたいときには泣いてもらえる、うれしいときにはうれしいと言ってもらえるような関わり方をしていくことが大事です。

③の「統制された情緒関与の原則」は②と対になっています。②の原則では相手に自由に思ったままを表現してもらうのですが、自分自身は感情に流されず冷静にいる必要があります。例えば、相手の怒りに対して共感的な態度を示すのはいいのですが、自分の感情は客観的に受け止めてコントロールしなければなりません。

④の「受容の原則」は、会話などコミュニケーションのなかで、ありのままを受け止めることです。

⑤の「非審判的態度の原則」は、自分の主観で良い悪いを決めてジャッジしてはいけないということです。

⑥の「自己決定の原則」は本人に決定をしてもらうということ。そうすることによって、自分の決定に対する責任感も生まれます。逆に、話を聞いたり助言をしたりする際にこちらの考えで誘導してしまうと、相手は成長の機会を失ってしまうことになります。このため、自分で決めたんだと思える関わり方をすることが重要です。

⑦の「秘密保持の原則」は、たとえ小さなことであっても2人のやりとりで知った情報をほかに漏らしてはいけないということです。互いの信頼関係を崩さないためにも守る必

要があります。

通常、介護福祉の専門職である私たちが対人援助の基本的な知識として学ぶ原則ですが、利用者に対してだけでなく、組織内部の人間関係を構築するためにも活用する必要があります。

人間関係のトラブルが生じたときに「普通はこうだよね」という言葉を聞いたり、自分自身でも言ってしまったりすることがあるかと思います。これは「非審判的態度の原則」に反して自分の主観で「普通」を決めてしまっていますから「個別化の原則」からも外れています。少し冷静になって、相手の普通と自分の普通は違うと立ち止まり、個別で見ていないことに気づけたら、状況は良い方向に向かうと思います。

例えば、時間にルーズな人と厳格な人がいて、この違いがもとでトラブルが生じた場合、相手の価値観を知るようにすれば、絡まった紐をほどくように、トラブルの全体像も見えてきて解決に結びつくようになります。

トラブルの当事者は、客観的に全体像を見るのが難しくなっています。こうしたときに、共通の知識としてもっているバイスティックの7原則を使って、仲間に受容の原則だよ、というように指摘してあげることもできます。私は、これはリーダーの役割であると考えています。

バイスティックの7原則を知っていても、同僚との関係構築に応用できていない人は少なくありません。組織内の人間関係を円滑にするためにも、この7原則をもっと浸透させ、さまざまなスキルを身につけてもらうことが、良好な人間関係やチームづくりにつながっていくのです。

［第5章］

発信力が向上すれば職員定着率が上がる！人が辞めない介護施設が超高齢社会を支える

発信力向上ですべてがうまく回る

私はまず、外部に対する発信力を上げることで採用難を乗り越えました。さらに、組織内部に対して適切に情報を発信することで、離職率を下げ、人材不足に悩まされることはなくなりました。人材不足が解消されると、採用に必要なコストを抑えられ、職員が離職せずに経験を積んでいくため、人材育成に投資したお金を回収できます。こうして浮いたコストは、新たに有料老人ホームとデイサービスを建設するために使います。事業規模が大きくなると、職員がキャリアアップして就任するポストが増えたり、職員が育児休暇を取得したときにでも人員のやりくりがしやすかったりと、経営もいい方に回っていきます。ある程度の規模に達していたほうが、経営は安定しやすいのです。

介護事業者のなかには、世の中のために動く法人もあれば、自分たちの利益しか見えていない法人もあります。世の中のために動く法人には人材が集まり、人材育成がされて、良い人材が定着することによって事業が成長していき、そうした企業が社会課題を解決していきます。そのような考え方の人たちや事業者が増えていくことによって、世の中も美しくなっていきますし、事業も成功していくのです。

これからの時代、介護施設を運営していくために大事なのは井の中の蛙にならないことです。業界の外からさまざまな考え方やノウハウ、技術を取り入れ、それをまた業界の外に発信していかなければ、生き残っていけません。介護業界は狭い世界で、専門性は重要だと思います。私も介護福祉士なので、介護福祉士はその専門性を活かし、ただお年寄りをお世話するだけではなく、その人が自己実現するために、その人の人生を支えるすばらしい仕事だと思っています。しかし、専門性にこだわりすぎるあまり視野が狭くなり、業界自体も狭い世界になってしまっています。殻に閉じこもって、やりがいや魅力を外部に発信することがおろそかになってしまってはいけません。広く外部に発信することによって、社会での地位を上げていく必要があります。

大切なのは、理念を掲げ、一般的にいわれているパーパス経営を実践することです。私はもともと、強い思いを胸に抱いて介護施設を立ち上げました。その思い、つまり理念がしっかり定められていれば、あとはシンプルです。そこに向かうために必要なことを考えれば、具体的なアクションプランや戦略が生まれてきます。最も大事なのは、思いだとか、自分たちで実現したい社会だとか、「きれいごと」に向かって歩んでいるということを、事業所のトップや管理者層、施設長層が徹底的に理解することです。

トップが創業者だったら、マインドはあると思うので、特にナンバー2の人たちはトップの創業の思いやトップが目指す世界観を理解したうえで、部下たちに伝えていくことが大切です。特に今、世の中の動きとして、社会貢献の価値が高まっています。これに対して、自分たちのパーパスが結び付いていることが重要なのです。

外部にも目を向けよう

自分たちの狭い世界だけではなく、世の中がどう動いているか、外の世界にも目を向ける必要があります。諸外国に比べて日本がどのような状況にあるのか、高齢者や子どもたちそれぞれの割合なども、経済に影響しています。世の中の動きを感じ取って、この先どうなっていくのか、その未来の社会で自分たち介護職の役割や価値はどのように位置づけられるのかを見いだし、自分たちがこういう価値を提供できるのだ、介護福祉士はこうでなければならないという理念や考え方をきちんと言葉にして世の中に伝えられる、志をきちんと伝えられる、ということが大事なのです。飾りだけの理念ではなく、きちんと地域に還元し、時代の流れに合った社会課題の解決に向けて自分たちも幸せになっていく必要があります。

介護業界のなかで、隣の事業所の様子をうかがっているのではなく、ＩＴ業界で何が行われているのか、教育系のコンテンツを提供する業種はどのようなテクニックを使っているのか、外の世界に目を向けることが重要です。他業種や他職種は、時代の変化に合わせてさまざまな手を打っています。どんな未来を見ているのか、その未来社会の変化をどのように突き進もうとしているのか、学べるところはたくさんあります。一般的に、医療や福祉、保育、リハビリはひとまとめにされることが多いのですが、まったく別の業種、例えば広告代理店やバス会社などほかの業種です。すると、世の中の動きが見えてきます。そうやって視野を広げないと、自分たちの業界の狭さや未熟さ、時代遅れの状況を相対的に知ることができません。

私は、筋力トレーニングで減量して体をつくりました。そして、良質の服を着るようにしたのも、ただのおしゃれではなく、自分をブランディングし、見せ方を考えてのことです。アパレル店や一流のホテルでは、服や靴、時計などを見て、どのような客なのか把握し、それに合わせたサービスを提供します。一流の店に行って顧客体験をすることにより、そうした業界のノウハウも知ることができます。もちろん、介護施設では利用者の身なりでサービスを変えることはありませんが、ＶＩＰ戦略やラグジュアリー戦略を知ることができるわけです。富裕層をターゲットに高品質で高価な商品やサービスを売り出す戦略に生き残りや価値を見いだしている流れが分かるわけです。

現在の介護業界は行政に依存し、補助金などを求める方向に行くのが常識ですが、事業の持続を考えるとこの方法ばかりでは未来が開けません。このため、民間の私たちとしては、ラグジュアリー戦略も一つの選択肢となり得ます。高価だが高品質な介護サービスを求めるニーズは確実にあります。こうした発想は、従来の介護業界にどっぷりとつかっていてはあり得ないでしょう。なぜなら、介護・福祉で稼ぐという発想はなく、高い金銭を求めることに嫌悪を感じる人が多いからです。

発信力に関しても、介護業界の弱点だと考えます。外部の研修や講演を数多く聴講した私から見ると、介護業界の講演はまったく面白くありません。科学的根拠や学術的な内容はもちろん大事なのですが、それらのデータをつらつらとパワーポイントで示していても、聞き手が面白いと思うわけがありません。

人の心を揺さぶり、行動を変えさせる力のある講演は、その人のエピソードや体験です。そう考えると、介護の現場の人や教育する人たちが、きちんと伝える技術を学び、体験談を言葉にできるスキルを身につけることが重要です。伝える技術も、介護や医療業界の定型をまねるのではなく、外の世界の伝えるプロに学ぶ必要があります。まったく違う世界であることが分かります。

介護福祉事業にもICT（情報通信技術）化が必要

介護業界は、人材確保の勝ち組と負け組に二極化しています。二極化が進むと、職員が定着せずに人材育成や求人の費用負担が膨らんでしまう事業所と、職員が定着して運営がスムーズに進む事業所に明確に分かれます。ただ、定着率が高い場合にも課題は生じます。

職員の定着率が高いということは、勤続年数の長いベテラン職員が多いことを意味します。経営者の考えやさまざまなノウハウが浸透しているのですから、運営はスムーズで、経営も安定しています。しかし、いわば新陳代謝が低下しているため、次代を担う職員が育たなくなっているのです。

ある訪問介護事業者が「長く働いてくれている人が辞めてしまったら、うちは閉じるしかない」と話すのを聞いたことがあります。ホームヘルパーの仕事は、高齢者の世話が好きで本当に心の優しい人でないとできません。そういう人たちが事業所に長く勤め、事業所を支えています。働きやすい事業所でもあるのでしょう。ただ、スタッフが長く定着すると、新しい人は入ってきません。求人のノウハウが磨かれることもなく、組織運営に新しい技術や知識を導入しにくくなっています。

変化の少ない社会ならばなんの問題もありません。昔ながらの方法で運営を続け、長く勤めたスタッフが退職したら従来どおりの求人募集をし、新たにスタッフを雇えばいいのです。しかし、現実はそういきません。現代社会は過去にない速度で激しく変化していきます。変化に対応していかなければ、社会から取り残されてしまいます。このように、変

［図表14］ICT 機器の活用状況（複数回答）（介護保険サービス系型別）

（%）

	回答事業者数	パソコンで利用者情報（ケアプラン、介護記録等）を共有している	記録から介護保険請求システムまで一括している	タブレット端末等で利用者情報（ケアプラン、介護記録等）を利用している	グループウェア等のシステムで事業所内の報告・連絡・相談を行っている	給与計算、シフト管理、勤怠管理を一元化したシステムを利用している	情報共有システムを用いて他事業者と連携している	他の事業所とデータ連携によりケアプランやサービス提供票等とやりとりするためのシステム	その他	いずれも行っていない	無回答
全　体	8,742	52.8	42.8	28.6	19.8	18.4	13.8	10.4	0.7	22.0	8.4
訪問系	2,841	50.4	41.9	30.0	24.1	21.2	18.5	11.9	0.8	21.8	8.6
施設系（入所型）	1,190	71.1	55.7	35.0	25.1	22.0	13.4	6.1	0.5	11.9	6.6
施設系（通所型）	2,733	48.4	39.3	25.1	16.2	14.5	10.4	10.5	0.7	25.8	8.1
居住系	886	45.9	26.1	26.0	17.4	17.8	8.7	4.6	0.9	29.0	10.3
居宅介護支援	768	59.2	61.2	30.7	12.9	16.7	16.3	18.4	0.7	15.2	7.3

公益財団法人介護労働安定センター「令和3年度介護労働実態調査」

化に対応しにくいという構造的な課題を抱える事業所もあるのだと思います。

　今では、子どもからお年寄りまで多くの人がスマートフォンを活用しています。電車の中で新聞を広げる人はほとんどいません。そのスマートフォンを普及させる原動力となった「iPhone」が日本で発売されたのが2008年で、まだ十数年しか経っていません。その間に、介護業界もICT（情報通信技術）やIoT（モノのインターネット）の活用を無視できなくなりました。

　公益財団法人介護労働安定センターの令和3年度の調査によると、ICT機器の活用は前年より進んでいます。ただ、最も活用が進んでいる項目は「パソコンで利用者情報（ケアプラン、介護記録等）を共有している」の52・8％（前年50・4％）です。介護業界のICTは社会から取り残されています。さらに「いずれも行っていない」が22・0％（前年25・8％）もあるというのですから驚きです。

介護の世界はまだアナログです。もちろん、介護の本質は人と人との関わりや、思いやりといった部分ですが、デジタル化が進む時代の流れを見ると、デジタル技術が利用できる部分は利用して、生産性の向上を図らないといけません。特に人手不足という課題を抱える介護業界こそ、デジタルの導入が必要です。同じように人手不足が深刻な飲食業界では、注文や配膳、支払いなどの場面で目に見える形でデジタル化が進んでいます。

介護で最先端の技術というと、ロボットを想像する人が多いかもしれませんが、私がここで強調したいのは、テクノロジーを使って膨大な書類の処理や整理、そして人の体の状態を測定する技術です。眠りスキャンは、この技術の一つです。

これまでは、ベテランの介護福祉士が職人技として利用者の体調を判断していました。

それこそ、その人の生活リズムや人柄、尿の臭いや体臭などから判断する職人技です。属人的なスキルで継承されにくく、一定のサービスの質として担保できない性質のものでしたが、今はテクノロジーで解決できる時代になりました。マンパワーが足りなくなっているときに、テクノロジーで補えるようになってきたのです。これを利用しない手はありません。この意味で、ＩＣＴの活用が決め手になってきます。

介護の現場では、テクノロジーなど新しいものを嫌がる傾向があります。手書きだった業務日誌や日報、連絡帳を、スマホで記してそのまま送信できれば、どう考えても生産性はいいのですが、導入する労力や新しいものに対する抵抗感が邪魔をします。慣れてしまえば、日誌を記入するために事務所に戻る必要はなく、直行直帰ができて時間や労力の削減につながります。アナログ体質は変えていかなければなりません。

また、新しいテクノロジーをどんどん活用することで、データが現場から集められ、ビッグデータとしてより良いテクノロジーの開発に役立てることもできます。その点でも、ＩＣＴ技術は積極的を活用し、デジタル化やＤＸ化に取り組むことが重要なのです。

デジタル化が進まないのは、生産性の向上を追い求めていないから

テクノロジーの導入が進まないのは、職人かたぎが邪魔をしている面もあると思います。介護を生産性や数値化という視点で見られないのです。介護は素人ではなく専門職が取り扱う必要がある一方、職人が自分たちの仕事やプライドを守るために、ノウハウを開示しなかったり、背中を見て覚えろ、という姿勢を取ったりするのは間違っています。時代の流れに合っていません。

また、介護は介護保険制度によって報酬が支払われる制度ビジネスです。国が介護報酬を決めているため、いくら専門性を高めて高品質の介護サービスを提供したとしても、高額の対価が得られるわけではありません。

例えば、同じホテルでも一流のホテルとビジネスホテルとではサービスがまったく違い、料金もそれに合わせて大きく変わります。しかし、介護事業では、一流ホテルとビジネスホテルほどのサービスの違いがあっても、受けられる報酬は同じになってしまいます。同じ制度ビジネスである医療で、ベテランの医師と新人の医師とで診療費に差がない

のと同じです。このため、コスト意識が希薄になってしまうのです。

実際に介護の現場では、利用者の心地よさばかりを追求してコストを考慮せず、おむつなどの消耗品も必要以上に高単価な製品を使おうとする傾向があります。施設の負担ではなく、家族や国の保障制度でまかなわれているためです。利用者に良いケアを提供したいという介護職員の思いから生じている点で善ではありますが、今の介護事業にはコスト意識が必要です。このままでは、社会が負担する介護費用ばかりが際限なく膨らみ、持続可能な制度ではなくなってしまいます。業界としても、この点を整理する必要があります。

業界の体質を変えるためには、民間企業が声を上げ、現場の私たちが少しずつ変えていかなければなりません。自分たちの企業やグループ、法人さえよければいいという考えでは、業界全体の共倒れを避けられません。これからの時代は、社会課題の解決に目を向け、業界全体の改革が個々の利益につながると理解することが重要です。ライバル同士が手を結び、業界全体を変えることで世の中が良くなります。私は、そういう仲間を増やしていきたいと考えています。

介護福祉業界全体が発信力を高める必要がある

介護福祉業界全体の発信力を高めることは、介護の現場の働きやすさにもつながっていきます。

例えば、膨大で複雑な書類作成の改善です。介護職員の処遇改善に関する加算はこれまで、処遇改善加算と特定処遇改善加算、ベースアップ等支援加算があり、さらに処遇改善臨時特例交付金も導入されました。どれも仕組みが違い、提出する書類もバラバラ。事業所が負担する事務業務が非常に大きいにもかかわらず、得られる加算や交付金はすべて職員に分配されて事業所の利益とはなりません。泣いているのは、コストを負担する事業所です。

また、国は臨時特例交付金について「1人当たり月額平均9000円の賃金引き上げに相当する額」と数字を挙げて説明しているため、現場の職員は「9000円」がもらえると思っていますが、平均額のため実際には施設間で差があります。規模が小さければ、1人3000円となるケースもあるわけです。さらに、雇用保険料など社会保険料の企業負担分に振り分けてもいいため、手取額はさらに減ります。このため、職員からすると「事業所が搾取している」「国がいっていることと違う」などの疑念が生じてしまうことがあります。

また、介護記録の保存も含め、膨大な書類の管理は非常に負担になっていますが、シンプルに管理できる仕組みの開発は民間企業の手に負えません。

介護は世の中に必要な仕事です。介護という職業が万一崩壊するようなことがあったら、本当に大変なことになります。自分の親の介護をしなくてはならなくなると、精神的負担や経済的負担、労力は相当です。そして、その負担でつぶれてしまったら、支えなければならない家族も不幸になってしまいます。これだけ必要とされる仕事なのですから、個々の事業所の利益だけでなく、介護業界全体の課題解決に向き合わなければなりません。

今後、さらに高齢者が増え、若者が減っていきます。より良い社会にしていくためには、介護業界の健全化や効率化、生産性向上について日本全体の問題ととらえて理解し、改善する必要があります。

ただ、介護は制度ビジネスであるため、さまざまな課題を解決するためには国に働きかけなければなりませんが、この点でまだまだ力が弱いと感じています。課題を言葉にして表現し、政治家を動かして制度を改善するということを、介護業界全体が連携して行わなければなりません。超高齢社会を支えるのは自分たちであると自覚し、介護業界の内側と外側に向けて発信していくことが、これからの介護事業を守ることにもつながっていくのです。

介護福祉の魅力について発信を行うために、私は今クラウドファンディングで資金調達を試みるなど、介護業界では珍しいことに取り組んでいます。面白いのは、世の中の反応が支援者の数などとなって見えることです。こうしたデータは、世の中の感情や興味、関心を示しており、私に対する期待値も見えてきます。そういう意味で、クラウドファンディングに挑戦してよかったなと心から思っています。

クラウドファンディングで実施した「ベスト介護JAPAN」というイベントは、介護のやりがいや魅力、価値を現場の職員が言語化し、広く発信するための試みです。現場の人たちにスポットライトが当たるように企画しました。群馬県や前橋市、新聞社に後援してもらい、バス会社やほかの介護事業者、職能団体など広く巻き込みました。そして、現場の人たちが輝ける場、発信する場をつくりました。

今後はこれが各地で行われ、介護職の地位向上がなされるように、これからも発信し続けられるよう頑張っていきます。

おわりに

23歳で介護福祉という仕事に出会う前は、どん底の人生でした。高校に5年間通い、2回の離婚を経験しています。友人の代わりに借金を背負い、負債が５００万円に膨らんだこともあります。食うのに困り、子どもたちに「もやしパーティーするぞ」と言って、電子レンジで温めたもやしにポン酢しょうゆをかけた食事でしのいだ時期もありました。自分のことを、社会からはじき出された人間、社会にいる必要がない人間だと思っていました。

そんなとき、のちに妻となる女性が私に向かって「優しいし、明るいし、楽しいから、介護の現場が向いているよ」と言ってくれました。日雇いの仕事をしていて、介護の「か」の字も知らなかった頃です。彼女は介護施設で働いていました。

「介護って、おじいちゃんやおばあちゃんと遊んでいれば、仕事になるの？」

「そうだよ、それが仕事だよ」

今、私の人生の真ん中にある介護福祉の仕事は、そんなやりとりがきっかけで飛び込みました。今や、介護福祉の仕事は私の存在そのものです。どん底の人生から引き上げてくれたのは、介護福祉の仕事で出会ったおじいちゃんやおばあちゃんです。「ありがとう」の言葉をもらったことで、私は初めて自分自身の存在価値を実感することができました。

もう一つ、私の介護職員人生で大切な存在がいます。8歳下の弟です。弟は高校卒業後、私と同じように無資格・未経験で介護福祉の仕事に就きました。その直後から、2人で介護福祉について語り合ってきました。

弟は「じいちゃん、ばあちゃんの笑顔がかわいいんだよね」とよく言っていました。

「分かる。俺も同じだよ」

「ほかの職員はなんで頭ごなしに怒ったり威張ったりするんだろう」

「そうだよ。俺だって年下にあんな言い方されたら怒るよ。俺たちが笑顔で関わったら、あんなにいい笑顔で接してくれるのにな」

やがて私たち2人は、「同じ価値観の人たちと介護の施設を運営したら面白いだろうなぁ」「理想の施設をつくろうよ」と共通の夢を抱くようになりました。働く人が笑顔で、利用者や家族も笑顔でいる施設。幸せが周りに広がっていくような施設。時間を忘れて語り合い、気がつくと朝になっていたことも少なくありませんでした。
ところが、弟は20歳の頃に白血病を発症し、23歳で他界してしまいました。介護福祉士を目指し、入院中も国家試験のテキストや介護関連の書籍を読んでいたことを今でも昨日のことのように思い出します。

弟を亡くしてから、2人で語り合った夢に向かって一歩踏み出すときは必ず弟の声が聞こえてきて、私に勇気をくれました。そして私は今、2人の夢を実現するべく念願だった介護施設を経営しています。会社名は、弟とずっと一緒に夢を歩んでいくという決意を込めて、弟の名前である「晃希」とつけました。

2人で語り合った夢は、介護施設をつくることがゴールではありません。福祉の仕事のすばらしさを世の中に発信すること、それが私の活動の原点です。さまざまな人に協力してもらったことで経営する介護施設はありがたいことにさらなる発展を遂げ、弟と語り合った夢ももう2人だけの夢ではなく、現在では職員も同じ方向を向いて歩いています。
弟がよく言っていた「ありがとう」という言葉を大切にして、仲間と一緒にこれからも進んでいきます。

最後に、本書を執筆するにあたり編集協力いただいた幻冬舎メディアコンサルティングの皆さんに、心より感謝申し上げます。

本書をきっかけに介護業界からの発信が増え、業界全体のブランディングにつながることを願っています。

髙橋 将弘（たかはし まさひろ）

株式会社晃希代表取締役社長。元 公益社団法人 日本介護福祉士会 代議員。一般社団法人 群馬県介護福祉士会 相談役。一般社団法人 日本認知症ケア学会 代議員。NPO法人 群馬県認知症ケア専門士会 会長。一般社団法人 日本介護福祉魅力研究協会 理事長。群馬パース大学福祉専門学校 非常勤講師。群馬県認知症施策推進会議 委員。群馬県高齢介護施策推進協議会 委員。前橋市介護認定審査会 委員。

群馬県利根郡みなかみ町出身。2005年23歳のときに介護福祉の現場に無資格・未経験で飛び込み、「ありがとう」と喜んでもらえることに働きがいを感じる。介護福祉を生涯の仕事にしようと決意し、国家資格である介護福祉士を取得。2017年、前橋市に株式会社晃希を設立し、2018年より有料老人ホームとデイサービスセンターの2施設を運営している。現在は介護福祉系YouTuberとしても活躍中。

kouki介護福祉発信プロジェクト

本書についての
ご意見・ご感想はコチラ

介護福祉系人気YouTuberが教える！
人材獲得・離職率ゼロを叶える #発信力経営

二〇二三年三月十七日 第一刷発行

著 者 髙橋将弘
発行人 久保田貴幸
発行元 株式会社 幻冬舎メディアコンサルティング
〒一五一-〇〇五一 東京都渋谷区千駄ヶ谷四-九-七
電話 〇三-五四一一-六四四〇（編集）
発売元 株式会社 幻冬舎
〒一五一-〇〇五一 東京都渋谷区千駄ヶ谷四-九-七
電話 〇三-五四一一-六二二二（営業）
印刷・製本 中央精版印刷株式会社
装 丁 弓田和則

検印廃止
© MASAHIRO TAKAHASHI, GENTOSHA MEDIA CONSULTING 2023
Printed in Japan ISBN 978-4-344-94467-1 C0034
幻冬舎メディアコンサルティングHP https://www.gentosha-mc.com/
※落丁本、乱丁本は購入書店を明記のうえ、小社宛にお送りください。送料小社負担にてお取替えいたします。
※本書の一部あるいは全部を、著作者の承諾を得ずに無断で複写・複製することは禁じられています。
定価はカバーに表示してあります。